W0064506

Kulinarische
Entdeckungen am

Gardasee

2015 / 2016

FAST *600*
UNTERKÜNFTE
RUND UM DEN
GARDASEE

INHALT

Mit Genuss entdecken

ist das Motto dieser kulinarischen Einladung an den Gardasee – gehen Sie mit uns auf die Reise in eine Region voller Spannung und Überraschungen, voller genießerischer Produkte, die den Urlaub bereichern. So spannend wie Natur und Landschaft ist auch die Küche des Gardasees. Carne salada und Canederli in den Trentiner Bergen, Gardaseefisch rund um den See, hausgemachte Pasta, zarte Tortellini, kernige Salami und alles, was die Felder an Gemüse und Obst hergeben im Hinterland. Zubereitet mit edlem Olivenöl und viel Leidenschaft von Köchinnen und Köchen, die aus besten Zutaten Köstlichkeiten zaubern. Dazu ein Glas Wein und der Urlaub kann beginnen.

Der Weg ist das Ziel

Auf welch ungewöhnlichen Wegen man an den Gardasee gelangen kann, zeigt das Interview mit Anita Seichter-Benedetti, der Kaffeerösterin aus Padenghe. Auf Umwegen über die Schweiz hat die Allgäuerin den Gardasee kennen, lieben und dort das Rösten von erlesenem Kaffee gelernt. Die meisten nähern sich dem Gardasee über das Inntal und Südtirol, oder sie folgen Goethes Spuren und machen im gerade noch bayrischen Mittenwald Halt. Damit Sie nicht hungrig ankommen, damit bereits die Reise zum Erlebnis und von kulinarischen Entdeckungen gekrönt wird, haben wir empfehlenswerte Gasthäuser am Wegesrand ausfindig gemacht und darauf geachtet, dass sie gut zu erreichen sind. Mit manch gutem Südtiroler Tropfen und den (Süd-)Tiroler Schlutzkrapfen kann man den Magen schon einmal auf den Urlaub einstimmen.

Doch nach der Salurner Klause, wo Südtirol aufhört und das Trentino sich öffnet, Italienisch nun zur einzigen Sprache wird, beginnt spätestens die Vorfreude auf den Gardasee. Mit einer Trentiner Apfeltarte und Akazienhonigparfait kann das Genießen beginnen, denn jetzt fangen der Gardasee und der Urlaub richtig an.

Der Gardasee besteht nicht nur landschaftlich aus sehr verschiedenen Teilen, von den hohen Bergen im Norden zu den sanften Hügeln im Süden, wo uns Zypressen und Olivenhaine begrüßen. Er ist auch in drei verschiedene italienische Regionen aufgeteilt: dem Trentino im Norden, dem Veneto im Südosten und der Lombardei im Süden und Südwesten. Dieser Aufteilung folgen wir nun auf unserer kulinarischen Rundreise um den See und in sein Hinterland, das zu entdecken sich lohnt.

Wir führen Sie zunächst in besuchenswerte Restaurants, Trattorie, Osterie, Agriturismi oder Taverne, Lokale jedenfalls, hinter deren Türen sich die „Sapori" – die Düfte und Geschmäcker – des Gardasees offenbaren. Diese Restaurants sind jeweils, mit den wichtigsten Informationen versehen, beschrieben. Sie erfahren ein wenig über das Ambiente und selbstverständlich über Küche und Keller. In den Tipps auf den Restaurantseiten verstecken sich eine Vielzahl von kleinen Rezepten und mal kulturellen, mal kulinarischen Empfehlungen. Gehen Sie also mit uns auf Entdeckungsreise.

Viele Köchinnen und Köche haben uns Einkaufstipps gegeben. Welches sind die besten Weingüter, wer gewinnt wirklich gutes Olivenöl, wo bekommt man Käse, Salami, frischen Fisch und allerlei andere traditionelle Produkte der jeweiligen Region? Auf die Restaurantempfehlungen folgen deshalb Beschreibungen von Weingütern und Ölmühlen. Unter dem Be-

griff „Spezialitäten" findet man Erzeuger und Händler vieler weiterer Produkte, von Gemüse oder Obst, Bier oder Salami, Käse oder Mostarda und Marmelade.

Zwischen den Kapiteln finden Sie noch Rezepte vom Gardasee, Original-rezepte von Köchinnen und Köchen wie etwa die feinen Fischantipasti, wie sie in Pai bei Linda serviert werden oder den kreativen Kürbisrisotto mit gebratener Entenleber und fruchtiger Kaffereduktion von Saulo della Valle aus Moniga.

Hintergrundinformationen zu den schönen, relativ neuen Wochenmärk-ten nach der Philosophie des „Kilometro zero" – also mit frischen Produk-ten aus der Region – gab uns Marco Boschetti, einer der ganz Aktiven der Region Mantua im Süden des Sees.

Viel Wissenswertes über das Gold des Südens – das Olivenöl - erfuhren wir von Andrea Bertazzi, dem Präsident der Vereinigung Oliogardadop, dem Dachverband der besten Ölmühlen rund um den See in allen drei Regionen.

Unsere Auswahl

Es gibt rund um den Gardasee inklusive seines Hinterlands natürlich weit mehr als die hier empfohlenen Lokale; es gibt mehrere hundert Weinbau-betriebe, von denen die meisten auf ihre Erzeugnisse stolz sein können. Das heißt, wir mussten auswählen. Wir haben versucht, eine gute Mi-schung aus einfachen, aber wirklich guten Trattorie für die ganze Familie, leidenschaftlich geführten Osterie für Genießer und Weinliebhaber sowie edlen Restaurants zusammenzustellen. Je nach Geldbeutel und Laune sollte hier jeder etwas finden.

Bei den Erzeugern von Wein, Olivenöl und Spezialitäten haben wir darauf geachtet, dass sie Besuchern offenstehen, dass man ihre Produkte vor Ort verkosten und direkt kaufen kann. So kann man ein bisschen Gardasee mit nach Hause nehmen und noch lange vom Urlaub zehren – im wahrsten Sinne des Wortes.

Praktische Informationen

Mittags, zum „Pranzo", sind Gasthäuser in der Regel von 12.30-14.30 Uhr geöffnet, abends selten früher als 19, eher 19.30 Uhr. Doch immer mehr Lokale, vor allem im Trentino, aber zunehmend auch in den anderen beiden Regionen, bieten durchgehend warme Speisen, jedenfalls aber Brotzeitteller oder andere kleine Gerichte an. Sollten die Öffnungszeiten also anders sein, als die traditonellen Mittags- und Abendessenszeiten, dann steht dies bei der jeweiligen Beschreibung des Restaurants dabei.

Die Durchschnittspreise für die einzelnen Gänge eines italienischen Menüs – Antipasto, Primo, Secondo und Dolce sowie Wein - finden Sie im Buch. Wenn nicht extra vermerkt, kommt dazu noch ein kleiner Betrag für „Pane e Coperto", Brot und Gebäck. Über Trinkgeld freut sich vor allem angestelltes Bedienungspersonal.

Reservieren ist immer empfehlenswert. Manchmal, weil Sie sonst keinen Platz bekommen, manchmal aber auch (vor allem außerhalb der Saison), weil die Wirte gerne wissen möchten, ob überhaupt jemand kommt. In einigen Agriturismi und kleinen Restaurants bekommt man nur auf vorherige Reservierung einen Platz. Diese Information finden Sie dann beim jeweiligen Eintrag. Agriturismi haben manchmal auch nur am Wochenende für externe Gäste geöffnet, dafür bieten sie meist beste Hausmannskost zu günstigen Preisen.

AMORE PER CAFFÈ

Eine Allgäuerin am Gardasee: Die Kaffeerösterei G. Martini in Padenghe

Anita Seichter-Benedetti ist eine der besten Kaffeerösterinnen am Gardasee und stammt ursprünglich aus dem Allgäu. Seit sieben Jahren verlassen der aromatische „Gustoso" oder der kräftige „Cremoso" und viele andere Sorten ihre Rösttrommel in Desenzano. Sie macht alles selbst, sie sucht besten Rohkaffee aus, röstet ihn in kleinen Portionen schonend und gekonnt, verpackt und verkauft das schwarze Lebenselixier. Wir haben ihren schönen Laden in Padenghe besucht und viel gelernt.

Die neugierige Frage zuerst: Was hat Dich an den Gardasee verschlagen?
Die Liebe, wie so manche hier, nur dass ich meinen Mann gar nicht am Gardasee, sondern beim Skifahren in den Schweizer Bergen kennen gelernt habe.

Und wie kam es dann zum Kaffeerösten?
Mein Schwiegervater Ettore hat mir das alles beigebracht. Seine

Söhne wollten den von der Großmutter Genoveffa Martini ge-
gründeten Betrieb nicht übernehmen. Mich reizte es sehr und so
habe ich ein ganzes Jahr mit Ettore zusammen gearbeitet und gelernt. Dann auch Kurse besucht.

Was unterscheidet Deinen Kaffee von den großen Industrieprodukten?

Oh, vieles. Zunächst: ich röste im Monat höchstens 500 Kilo Kaffee. In einer Rösttrommel, die auf einmal lediglich 10 Kilo fasst.
Dort wird der Kaffee bei etwa 200 Grad in rund 15 Minuten sanft
geröstet und ständig überwacht. Wichtig sind die letzten Minuten, denn je nach Rohkaffee, Luftfeuchtigkeit, sogar Luftdruck
verhält sich der Kaffee anders. Man riecht das Aroma, was viel Erfahrung erfordert, man kontrolliert die Farbe und schließlich –
man hört, ob sich der ideale Röstvorgang dem Ende nähert. Der
Kaffee fängt an zu knistern, wenn sich das Silberhäutchen von den
Bohnen löst. In der industriellen Produktion werden die Kaffeebohnen bei etwa 500 Grad in knapp zwei Minuten „durchgejagt".

Was macht noch Qualität aus?

Grundlegend ist selbstverständlich die Qualität des Rohkaffees.
Die Kaffeeanbaugebiete liegen am Äquatorstreifen. Bester Kaffee
wächst ab 1600 Meter über dem Meeresspiegel, zum Beispiel in
Panama, wo wir Kaffee beziehen, der ohne Kinderarbeit produziert wird. Die Kaffeebohnen sollten möglichst gleich groß sein
und den selben Feuchtigkeitsgrad haben – sonst ist die Röstung
nicht gleichmäßig. Zerbrochene Bohnen und „Defekte" werden so
gut als möglich ausgeschlossen. Ziel ist „die perfekte Bohne".

Und ganz kurz: Was ist das Wichtigste bei der Zubereitung?

Ganze Bohnen kaufen und portionsweise frisch mahlen, das ist
die Grundlage. Dann empfehle ich, Kaffeezubereiter aus Edelstahl
oder zumindest hochwertigem Aluminium zu verwenden, bei Bil-
ligmokkas schmeckt der Kaffee nach Alu. Gut ist auch das sogenannte French-Press-Verfahren, aber es ist auch nichts gegen
Omas guten Filterkaffee einzuwenden. Nur „ziehen" sollte man
Kaffee nicht lassen, es lösen sich nur Bitterstoffe und Koffein,
kein Aroma.

Wie lange kann man Kaffee lagern?

Kaffee sollte nach der Röstung etwa 2-3 Wochen ruhen, so dass er
richtig durchziehen kann. Zwischen zwei und vier Monaten ist er
optimal, spätestens ein Jahr nach der Röstung sollte der Kaffee in
Bohnen verbraucht sein.

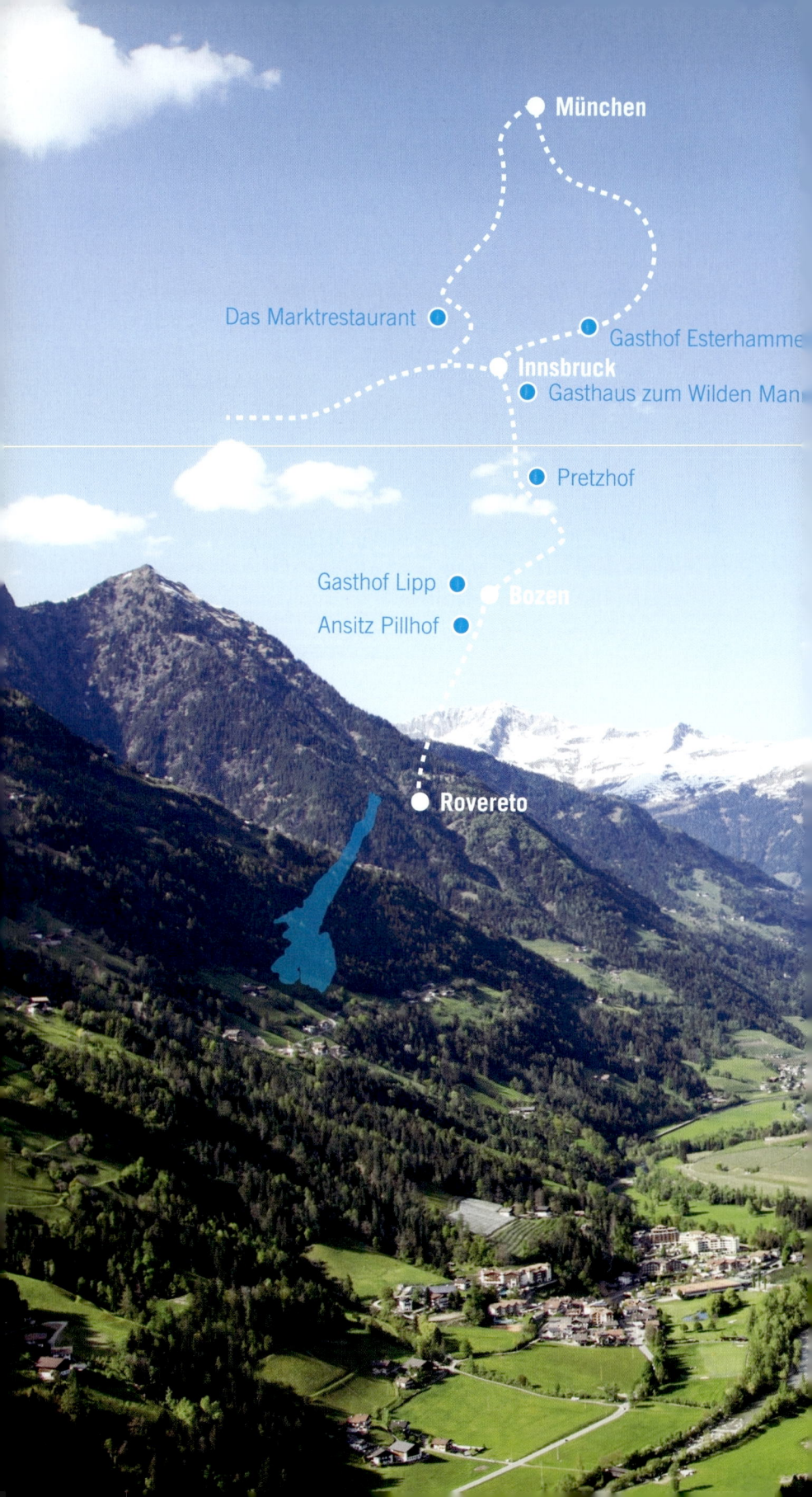

München

Das Marktrestaurant

Gasthof Esterhamme

Innsbruck

Gasthaus zum Wilden Man

Pretzhof

Gasthof Lipp

Bozen

Ansitz Pillhof

Rovereto

ANREISE

Der Weg ist das Ziel: Kulinarische Entdeckungen auf dem Weg an den Gardasee.

DAS MARKTRESTAURANT

Junge Küche im historischen Ort

ADRESSE:
Dekan-Karl-Platz 21
D-82481 Mittenwald
+49 (0) 8823 9269595
www.das-marktrestaurant.de

ÖFFNUNGSZEITEN:
12-14.30 und 18- 22 Uhr
Ruhetag Montag,
ganzjährig geöffnet

Im Zentrum von Mittenwald
Plätze: 20 Innen, 30 Terrasse/Garten
Hauptgerichte: 13-24 €,
5-Gang Menü 58 €

▎ AMBIENTE, KÜCHE & KELLER

Ein Stopp in Mittenwald lohnt sich in vielerlei Hinsicht. Man fühlt sich ein bisschen – schon oder noch – im Süden. Die Häuser ähneln denen in Bozen, die alte Handelsstraße von München über Benediktbeuren, den Walchensee und schließlich Mittenwald nutzte schon Goethe auf seiner italienischen Reise. Wer mag, kann das schöne Geigenbaumuseum und das historische Zentrum besichtigen. Dort befindet sich auch das edle, aber lässige Marktrestaurant. Im Marktrestaurant kocht Andreas Hillejan nach der Philosophie der Jeunes Restaurateurs d'Europe: frisch, saisonal, peppig und dabei auf hohem Niveau. Die Produkte für seine kreativen Speisen stammen überwiegend von bäuerlichen Betrieben aus der direkten Umgebung – z.B. Werdenfelser Lamm, Milchprodukte oder Gemüse. Er kocht regionale Menüs mit deutlichem Blick nach Süden (z.B. ein erfrischendes Tomatensorbet mit Olivenchips oder rosa gebratenes Werdenfelser Lamm mit Olivensalz und Schnippelbohnen). Es gibt günstige Mittagsgerichte und immer ein jahreszeitliches Menü. Die freundliche, lockere und dabei höchst kompetente Bedienung durch Ehefrau Nancy Paul und die sorgsam kalkulierten Preise erhöhen die Vorfreude oder mildern den Rückkehrschmerz nach dem Urlaub.

GASTHOF ESTERHAMMER

Kulinarische Tradition im Inntal

ADRESSE:
Rotholz 362
A-6220 Buch in Tirol
+43 (0)5244 622 12
www.esterhammer.at

ÖFFNUNGSZEITEN:
11.30 -14 und 18 - 21 Uhr
Ruhetag: Montag, Juni-Sept. keiner
Betriebsferien: 3 Wochen im November

Rotholz ist ein Ortsteil von Buch
Plätze: 60 Innen, 40 Terrasse/Garten
Hauptgerichte: 8-23 €

▌ AMBIENTE, KÜCHE & KELLER

Im altehrwürdigen Hause – seit rund 270 Jahren von Familie Ester-
hammer-Graus betrieben – wird Tradition mit modernem Pfiff aufgetischt. Ein herrlicher Kastaniengarten im Sommer oder die historischen, wunderschönen Gaststuben laden zum Bleiben ein. Hier sollte
man unbedingt eine Rast einplanen. Wer länger pausieren möchte: Es
gibt auch schöne Zimmer zu mieten. Christoph Krainer hat hier im
Haus das Kochen gelernt, sich anschließend woanders umgesehen
und bereitet nun seit über 10 Jahren gemeinsam mit Christian Kirch-
maier Tiroler Küche vom Feinsten zu. Das Fleisch stammt von bäuerlichen Betrieben der Region und wird mit Bedacht gewählt. Überhaupt wird hier moderne, leichte Biokost mit Tradition vermählt
(kräutergefüllte Schlutzkrapfen mit Bergkäse, Rostbraten vom heimischen Rind, Gemüsestrudel, Zander auf Tomaten-Balsamico-Soße,
Wiener Suppen und Tiroler Gröstl und zum Dessert süße Sünden
oder frischer Obstsalat mit Joghurt). Es gibt Kräuterlimos genauso
wie nennenswerte Weine aus Österreich und seit neuestem sogar Bier
von der kleinen Brauerei der Landwirtschaftsschule des Ortes. Auch
Destillate von Christoph Kössler und Florian Kranebitter aus der
Nachbarschaft sind im Angebot.

GASTHAUS ZUM WILDEN MANN

Feine Küche und Tiroler Gastlichkeit

ADRESSE:
Römerstraße 12
A-6072 Lans
+43 (0)512 37 96 96
www.wildermann-lans.at

ÖFFNUNGSZEITEN:
11.30-14 und 17- 21.30 Uhr
Ruhetag: keiner,
ganzjährig geöffnet

Rund 10 km südlich von Innsbruck,
Ausfahrt Igls/Patsch
Plätze: 120 Innen, 25 Terrasse/Garten
Hauptgerichte 12-36 €

AMBIENTE, KÜCHE & KELLER

Das Gasthaus zum Wilden Mann ist ganz sicher jeden Umweg wert. Nur, der ist gar nicht so groß. Man findet es mitten in dem hübschen Ort Lans, hoch über dem Inntal gelegen. Das Haupthaus ist ein uriges Gebäude aus dem 16. Jahrhundert. Hinter den dicken Mauern verbergen sich sechs gemütliche Stuben, in denen Genießer glücklich werden. Gegenüber befindet sich das Landhotel mit einer schönen Sonnenterrasse, auf der man mit sagenhaftem Bergblick speisen kann. Hier müssten eigentlich alle rundum glücklich werden. Es gibt regionale Gerichte wie Schlutzkrapfen oder „Jungschweinebratl mit Erdäpfelknödel". Viel Wert wird auf das „Kulinarische Erbe Österreichs" gelegt, man bezieht die Produkte vom Nachbarn bzw. aus der nahen Umgebung und Küchenchef Christopher Wild verfeinert traditionelle Gerichte auf behutsame Art. Dazu gesellen sich fair kalkulierte Ausflüge in die edle Küche, wie etwa hausgemachtes Entenleber-Parfait mit Zwergorangen-Confit oder Dorade Royale. Alles ist frisch und gekonnt zubereitet und liebevoll serviert. Auch die optische Erscheinung der Teller und die Freundlichkeit des Service sind nicht zu toppen. Dazu gibt es schöne Weine aus Österreich oder Italien.

PRETZHOF

Slow Food -Tradition in den Bergen

ADRESSE:
Tulfer 259
39040 Wiesen/Pfitsch
+39 0472 76 44 55
www.pretzhof.com

ÖFFNUNGSZEITEN:
Di - Sa durchgängig 12-21 Uhr,
So 12-20 Uhr
Ruhetag: Montag und Dienstag

Autobahnausfahrt Sterzing, Richtung
Pfitschtal, dann beschildert
Plätze: 50 Innen, 30 Terrasse/Garten
Hauptgerichte um 18 €

▌ AMBIENTE, KÜCHE & KELLER

Der schöne Erbhof ist seit 300 Jahren in Familienbesitz und wird heute in der 9. Generation von Karl und Ulli Mair geführt. Auch wenn es nur eine kurze Fahrt von der Autobahn hierher ist - man fühlt sich wie in einer anderen Welt, inmitten von Bergen und Natur. Im urigen Hofladen gibt es Wurst, Käse und vieles andere mehr aus eigener Produktion und von befreundeten Betrieben. Im Restaurant werden Slow Food-Genießer glücklich. Ulli Mair ist für die Küche zuständig – mit kluger Hand bereitet sie traditionelle Gerichte der Jahreszeit entsprechend mit erstklassigen und vor allem eigenen Produkten zu. Sensationell der Speck und Schinken von den eigenen Schweinen mit eingelegtem Gemüse, dicht die Suppen, ausgezeichnet die hausgemachten Pasta-Gerichte wie etwa die traditionellen Schlutzkrapfen oder die Käse- und Speckknödeln. Das Fleisch stammt entweder aus eigener Haltung oder von befreundeten Betrieben, die die Tiere artgerecht halten. Alles wird mit großer Sorgfalt und Liebe ausgewählt, zubereitet und serviert. Die Weine, die man im „Weinladele" (was eine wunderschöne Enothek ist) verkosten und kaufen kann, stammen von ausgewählten Winzern der Gegend, die naturnah und sorgsam arbeiten.

GASTHOF LIPP

Südtiroler Traditionsküche mit herrlicher Aussicht

ADRESSE:
Perdonig 30
39057 Eppan (BZ)
+39 0471 662517
www.lipp.it

ÖFFNUNGSZEITEN:
Ruhetag: Montag
Ostern - Anfang November geöffnet

Auf 800 Metern über Eppan
Plätze: 60 Innen, 70 Terrasse/Garten
Hauptgerichte 9-15 €

AMBIENTE, KÜCHE & KELLER

Die Aussicht von hier oben auf 800 Höhenmetern ist herrlich – tagsüber hat man einen phantastischen Blick in die Berge, gegen Abend
breitet sich unten im Tal ein Lichtermeer aus, der Blick reicht von
Bozen bis weit in den Süden. Man sitzt draußen mitten in der Wiese
oder auch unter der überdachten Veranda; ist es kühl, locken drinnen
die gemütlichen Stuben. Familie Pichler betreibt den schönen Gasthof mit Leidenschaft, schon seit Generationen. Der Großvater hieß
Philipp – daher Gasthof Lipp, denn Pichler, meint Arthur Pichler, der
heutige Betreiber, heißen hier zu viele. „Unsere Karte ist klein, denn
wir machen alles frisch", meint er mit Nachdruck. Es gibt Südtiroler
Spezialitäten wie Speck- oder Spinatknödel, Teigtaschen mit Fleischfüllung und die berühmten Schlutzkrapfen, auch Kalbsbraten oder
Gulasch oder gesottenes Rind. Kleine Gerichte und Brotzeitbrettl
gibt es durchgehend von 11 bis etwa 20 Uhr. Dazu kann man feine
Tropfen der an Kellereien reichen Gegend in und um Eppan genießen
und wem es gefällt, der genießt ein zweites Glas und bleibt: Es gibt 4
gemütliche Doppelzimmer.

ANSITZ PILLHOF

Weinoase mit feinem Essen

ADRESSE:
Boznerstraße 48
39010 Frangart - Eppan (BZ)
+39 0471 63 31 00
www.pillhof.com

ÖFFNUNGSZEITEN:
Mo-Fr 11-23 Uhr
Ruhetag: Samstagabend,
Sonn- und Feiertage

Am Frangarter Kreisverkehr
zwischen Bozen und Eppan
Plätze: 60 Innen, 30 Terrasse/Garten
Hauptgerichte 10-30 €

▌ AMBIENTE, KÜCHE & KELLER

Aus dem 15. Jahrhundert stammt das alte Gemäuer, das eine herrliche Enothek, eine lässige Winebar und elegante Restaurantbereiche beherbergt. Hier kümmern sich Kathrin Oberhofer und ihr Team um die Gäste. Weinfreaks bewundern den begehbaren Weinklimaschrank mit einem herausragenden Sortiment von Südtiroler, italienischen und weltweit bekannten Spitzenweinen. Dazu gibt es feinste Delikatessen wie Olivenöle, Aceto Balsamico, Eingelegtes und Marmeladen. Im gemütlichen Garten zwischen den Mauern des historischen Gebäudes und am langen Tresen kann man ein schönes Glas Wein mit hausgemachten kleinen Häppchen genießen – wer also gute Weine mit nach Hause nehmen und nur einen kurzen genießerischen Stopp einlegen möchte, ist hier bestens aufgehoben. Man kann einen schlichten, aber mit ausgezeichneten Würsten bestückten Brotzeitteller genauso genießen wie hohe Küchenkunst in Mini-Form – als mit Gemüsecreme gefülltes Gebäck etwa. Aber auch wer so richtig fein speisen will, findet in den Restauranträumen des Ansitzes mittags und abends eine kreative elegante Küche – ob Forellentartar oder Zander, raffinierte Nudelgerichte oder Salate. Besonders hervorzuheben ist die Käseauswahl, die mit jeweils passenden Marmeladen oder Mostarde gereicht wird.

ZUTATEN FÜR 4 PERSONEN

FÜR DEN TEIG: 200 g Weizenmehl, 100 g Hartweizengrieß, 200 g Roggenmehl, 4 Eier, Salz, Öl

FÜR DIE FÜLLUNG:
750 g Blatt- oder Wurzelspinat, 1 Zwiebel, 1 Knoblauchzehe, Butter, 1 EL Mehl, ca. 100 ml Milch, Salz, Pfeffer, Muskat

ZUM SERVIEREN:
100 g Alpenbutter, Salbeiblätter, 1-2 Knoblauchzehen, etwas geriebener Berg-käse oder Grana

SCHLUTZKRAPFEN

Die Schlutzkrapfen gibt es in Tirol und in Südtirol. Dort wird der Teig mal mit mehr, mal mit weniger Roggenmehl zubereitet. Weiter südlich heißen die Schlutzkrapfen dann Ravioli oder Tortelli ai Spinaci. Wo man italienisch spricht, kommt in die Füllung meist zusätzlich Ricotta. Im Prinzip aber handelt es sich um die gleiche umwerfend köstliche und dabei „kluge" Speise. Die Zutaten nämlich kosten wenig und das Ergebnis ist großartig.

TEIG:

1 Mehlsorten mischen, Eier und Öl und etwas Salz zugeben.
2 Nun gut durchkneten und an einem kühlen Ort etwa 1 Stunde abgedeckt ruhen lassen.

FÜLLUNG:

1 Den Spinat putzen, waschen, abtropfen lassen. Mit dem Tropfwasser in einen Topf geben und zusammenfallen lassen. Dann sehr fein hacken oder pürieren.
2 Zwiebel und Knoblauch schälen, fein hacken und in einer Pfanne mit etwas Butter andünsten, nicht bräunen. Das Mehl darüber stäuben, unter ständigem Rühren die Milch angießen, so dass eine Mehlschwitze entsteht.
3 Spinat und Mehlschwitze gut vermischen. Mit Salz, Pfeffer und Muskat kräftig abschmecken.
4 Den Teig nun möglichst dünn (am besten mit Hilfe einer Nudelmaschine) ausrollen. Kreise ausstechen und mit etwas Spinatmasse füllen. Zusammenklappen und gut festdrücken. So weiter verfahren, bis Teig und Füllung aufgebraucht sind.

Die „Schlutzer" in einen Topf mit siedendem Wasser gleiten lassen (nicht sprudelnd kochen!) und in ca. 10 Minuten garen. Inzwischen Butter zerlassen, Salbeiblätter dazu geben, dann etwas gehackten Knoblauch. Schlutzer aus dem Topf heben, in der Salbeibutter vorsichtig wenden und mit geriebenem Käse servieren.

TIPP

Am besten zu zweit oder zu dritt arbeiten und eine größere Menge herstellen. Man kann die Schlutzkrapfen bestens einfrieren (erst einzeln, dann zusammen in einen Beutel geben).

TRENTINO

Von hohen Bergen zu schlanken Zypressen und
knorrigen Olivenbäumen:
Hier beginnt der Gardasee

Hier beginnt der Gardasee!

Zumindest, wenn man sich ihm von Norden her nähert. Dann nämlich könnte man bei Trento die „Gardesana di Trento" nehmen und über das „Tal der Seen" durch die Berge Richtung Arco und Riva fahren. Die Berge und die Seen prägen auch die Küche des Trentino, vor allem hier, im Valle dei Laghi.

Als Antipasti gibt es oft Lachsforellen, die eben diesen Seen entstammen oder in Teichen, vom Bergwasser gespeist, gezüchtet werden. Sie kommen eingelegt, roh mariniert oder manchmal auch leicht geräuchert auf den Tisch. Die Bergluft bietet aber auch ideale Bedingungen, Salami, Schinken und andere Würste reifen zu lassen. Sie stammen vom Schwein, oft aber auch ist Wildbret dabei: zarter Rehschinken oder Hirschsalami etwa. Die Trentiner Küche ist auf jeden Fall auch eine Bauernküche. Die berühmten „Canederli", die kleinen Semmelknödel, standen sicher oft auf dem Tisch der Bauersfamilien. Damit das nicht langweilig wird, gibt es unzählige Variationen: mit Speck, mit Wildkräutern wie Brennnesseln, Käse oder manchmal auch schon Oliven und getrockneten Tomaten. Die ganz kleinen Klößchen aus Brot, Grana und Spinat heißen Strangolapreti, Priesterwürger.

Man merkt den Einfluss des Südens, des Mediterranen. Zwar wird hier im Norden noch viel Butter verwendet, aber es gibt auch schon Olivenöl aus dem nördlichsten Olivenanbaugebiet der Welt, wo man im Winter zumindest den jungen Olivenbäumen „Socken" aus Stroh anziehen muss.

Dieses Öl würzt zum Beispiel eine der Trentiner Spezialitäten. Früher, als es noch keine Kühlschränke gab, musste man sich etwas einfallen lassen, um Fleisch haltbar zu machen. Carne salada ist durch Salz konserviertes Rindfleisch aus den besten Stücken der Rinderkeule. Dazu kommen bereits recht mediterrane Gewürze – Rosmarin und Lorbeer zum Beispiel. Varianten gibt es so viele, sagen Experten, wie es Bauernhöfe im Trentino gibt. Carne salada genießt man roh, mit dem würzigen Grana Trentino darüber gehobelt oder auch kurz gebraten als Secondo. Hirschgulasch wird oft mit Polenta als Hauptspeise serviert.

Nicht nur in Südtirol, auch in den Tälern des Trentino werden Äpfel angebaut. Die wiederum sind Grundlage eines Desserts, das auf kaum einer Speisekarte fehlt, dem Trentiner Apfelstrudel. Die Torta de fregoloti hingegen ähnelt schon wieder sehr der Sbrisolona vom Süden des Gardasees: dort ein mürber Mandelkuchen, hier auch schon mal mit Nüssen zubereitet und gern mit einem Gläschen Vino Santo serviert.

Womit wir bei den Getränken angekommen sind. Während es im Süden des Gardasees für Kinder oft nur Wasser (oder diverse Softgetränke) gibt, bieten hier immer mehr Gasthöfe naturreinen Apfelsaft an. Die Großen widmen sich mit Genuss den hervorragenden Trentiner Weinen. Weißweinliebhaber dürfen sich auf einen zartfruchtigen Nosiola freuen. Die ebenfalls einheimischen roten Rebsorten Marzemino und Teroldego begleiten Carne salada und Gulasch.

Zum Abschluss (oder auch als Aperitif) ein Glas Spumante Trento DOC oder den berühmten Vino Santo, der traditionell am Karfreitag aus den bis dahin in würziger Bergluft getrockneten Nosiola-Trauben entsteht.

ZUTATEN FÜR 8 PERSONEN

FÜR DIE APFELTARTE:
180 g Mehl, 125 g Butter, 60 g
Puderzucker, 4 Äpfel (Pink Lady
oder eine andere saftig-säuerliche
Apfelsorte), etwas Puderzucker

FÜR DAS HONIG-PARFAIT:
2 kleine Eier, 3 Eigelb, 75 g Zucker,
325 g Sahne, 50 g Akazien- oder
Kastanienhonig (es sollte eine
möglichst flüssige Honigsorte sein)

TRENTINER APFELTARTE
von Pink Lady mit Honig-Parfait

Ganz in der Nähe des Weingutes Pisoni liegt der schöne Agriturismo „Ai Masi". Zum Frühstück gibt es nicht nur Claudias hausgebackene Kuchen, sondern auch Früchte – vor allem Äpfel – aus eigenem Anbau. Im Hauptberuf kultiviert Germano Pisoni Apfelbäume für den Bio-Anbau. Fast überall im Valle dei Laghi, dem schönen Tal hinter Riva und Arco, wird biologisch produziert. Germano hat viele Sorten Äpfel, aber sein Lieblingsapfel ist die saftige, angenehm fruchtig-säuerliche Pink Lady mit der schönen Farbe.

APFELTARTE:

1 Aus Mehl, Butter und Puderzucker einen Mürbeteig herstellen, den Teig in Folie wickeln und an einem kühlen Ort etwa 1 Stunde ruhen lassen.
2 Teig 3 mm dünn als Quadrat ausrollen und auf ein Backblech legen. Äpfel vierteln und entkernen, aber nicht schälen. Äpfel in schmale Spalten schneiden.
3 Den Teig eng damit belegen und bei 180 Grad 10-12 Minuten backen.

HONIG-PARFAIT:

1 Die ganzen Eier und die Eigelbe in eine Schüssel geben, die Schüssel in ein heißes Wasserbad setzen und mit dem Rührgerät rühren, den Zucker nach und nach einrieseln lassen. Die Masse im Wasserbad weiter rühren, bis sie schön fest ist (das dauert etwa 10 Minuten).
2 Anschließend die Schüssel auf Eiswasser setzen und die Masse kalt rühren. Den Honig zugeben.
3 Sahne steif schlagen und vorsichtig unterziehen.
4 Die Masse in eine mit Folie ausgekleidete Kastenform füllen und mindestens 12 Stunden einfrieren.

Zum Anrichten die warme Tarte mit Puderzucker bestäuben. Das Parfait daneben setzen. Mit Fruchtsoße und Zitronenmelisse verzieren. Für die Fruchtsoße Früchte (z.B. Erdbeeren und Mirabellen) getrennt mit etwas Puderzucker und Zitronensaft ganz kurz aufkochen, pürieren und durch ein Sieb streichen.

TIPP

Man kann die Tarte am Vortag backen und vor dem Servieren kurz erwärmen. Die Fruchtsoßen halten im Kühlschrank eine Woche. Das Parfait kann ohne Probleme 4 Wochen eingefroren werden.

TRENTINO
RESTAURANTS

1 MASO CANTANGHEL
Slow Food Juwel

PLÄTZE | *30 Innen*
LAGE | *10 Minuten östlich von Trento*
PREISNIVEAU | *Menü 30-35 €*

ADRESSE | *Maso Cantanghel – Trattoria da Lucia, 38045 Civezzano (TN), +39 0461 85 87 14*

RUHETAG | *Samstag, Sonntag*
BETRIEBSFERIEN | *2 Wochen im August, um Weihnachten*

AMBIENTE

Die wunderschöne Trattoria von Lucia Gius liegt inmitten von Weinbergen, gleich nebendran gibt es ein Weingut gleichen Namens, dessen Weine hier selbstverständlich getrunken werden können. Hier hinauf lohnt sich jede Kurve, denn die Aussicht ist ebenfalls großartig. Drinnen sitzt man in gemütlichen historischen Gaststuben, liebevoll dekoriert, und genießt, was Lucia kocht – eine Speisekarte gibt es nämlich nicht, sondern ein Trentiner Menü der Extraklasse.

KÜCHE & KELLER

Wer kulinarische Entdeckungen machen will, dem sei hier ein Trick verraten: Fragen Sie den Koch oder die Köchin eines guten Restaurants, wohin sie am Ruhetag selber gerne gehen. Wir fragten den begabten Koch Guido von der gleichnamigen Trattoria (die wir auf Seite 132-133 vorstellen). Maso Cantanghel, sagt er sofort strahlend. Hier gäbe es unverfälschte Küche, schlicht und bodenständig, dabei von großer Kreativität und Frische, liebevoll präsentiert. Hier, meint er, passt alles zusammen und man verbringt unvergessliche Genießerstunden. Sowohl die hausgemachte Pasta wie die Canederli, das Kaninchen oder das Grillfleisch, Gemüse aus dem eigenen Garten oder Dessert – alles ist von schlichter Perfektion. Besonders hervorzuheben ist die „piccola pasticceria" zum Kaffee.

TIPPS & INFORMATIONEN

Auf 6,5 Hektar wird hier auch Wein angebaut. Die Weinberge sind nach Süden ausgerichtet, liegen aber schon auf rund 500 Metern. Dadurch entsteht ein hoher Temperaturunterschied zwischen Tag und Nacht zu Zeiten der Lese. Das bringt Finesse in die Weißweine der Cantina Maso Cantanghel, wie den vollen und dabei kernigen Sauvignon Vigna Piccola oder die Cuvée Sot Sas aus Chardonnay und Sauvignon. Elegant und nussig-würzig der Pinot Nero.

2 LA RUPE DI BESENO
Ausflugsziel für Genießer und Entdecker

PLÄTZE | *60 Innen, 60 Terrasse/Garten*

LAGE | *Wenige Meter vom Parkplatz des Castel Beseno*

PREISNIVEAU | *Antipasti um 7 €, Primi um 11 €, Secondi um 18 €, Dolci 4 €, Weine ab 14 €*

ADRESSE | *La Rupe di Beseno, Via Castel Beseno 6, 38060 Maso Trapp Besenello (TN), +39 0464 83 41 32, www.larupedibeseno.it*

RUHETAG | *Keiner, geöffnet: Mo-Do 10-16, Fr-Sa 10-16 / 19-22, So 10-18 Uhr*

BETRIEBSFERIEN | *variabel*

AMBIENTE

Am Fuß vom Castel Beseno befindet sich das freundliche Gasthaus.
Man betritt die „Rupe di Beseno" durch einen Vorraum, in dem sich
ein paar Tische und die Bar befinden. Hier bekommt man den ganzen
Tag Getränke, Panini und kleine Gerichte. Mittags und abends kann
man sich in einer der beiden sonnig-hellen Gaststuben (oder im Sommer auf der Terrasse) niederlassen und die kreative Trentiner Slow
Food-Küche von Massimo Curzel genießen.

KÜCHE & KELLER

Als Vorspeise könnte man das traditionelle Trentiner „Speckbrettl"
wählen, bestückt mit Feinem von handwerklich arbeitenden Betrieben
der Gegend, oder – etwas ausgefallener – Carpaccio von sanft geräuchertem Rindfleisch mit Radicchioflan und „Puzzone di Moena", dem
kräftigen Käse aus den Bergen. Mit dem gleichen Käse und krossem
Speck werden auch die Rote Bete-Spätzle gewürzt. Hirschgulasch
oder ein gefülltes Kaninchen sind feine Hauptspeisen. Die hausgemachten hervorragenden Dolci sind in einer Vitrine hübsch präsentiert – der Gast hat hier die Qual der Wahl. Lobenswert auch die
Weinkarte, die zu äußerst fairen Preisen Tropfen der an interessanten
Weinen reichen Gegend präsentiert, von einer Auswahl „Trento
DOC" über feine Weiße, charaktervolle Rote bis hin zu einer schönen
Auswahl an Süßweinen. Bier gibt's von einer kleinen Brauerei aus der
Gegend.

TIPPS & INFORMATIONEN

Das Castel Beseno ist eine der größten Burgenan-
lagen des Alpenraumes und war bis 1973 im Besitz
der Familie Trapp, die die Burg dann der Provinz
Trentino schenkte. Die sehenswerte Anlage enthält
lebendig gestaltete Museumsräume, die die Geschichte
und die Bedeutung der Burg spannend darstellen,
es gibt Filme, man kann bogenschießen, der Blick
ist sagenhaft. Übers Jahr finden im Castel immer
wieder Veranstaltungen statt.
Mehr unter www.buonconsiglio.it

3 VINERIA DE TARCZAL
Feine Landküche im historischen Gebäude

PLÄTZE | *30 Innen, 40 Terrasse/Garten*
LAGE | *Südlich von Isera, gut ausgeschildert*
PREISNIVEAU | *Antipasti um 7 €, Primi um 8 €, Secondi um 12 €, Dolci 5 €, Weine ab 9 €*

ADRESSE | *Vineria De Tarczal, Via G. B. Miori 6, 38060 Marano d‹Isera (TN), +39 0464 45 07 07, www.detarczal.it*

RUHETAG | *Sonntagabend und Montag*
BETRIEBSFERIEN | *Je 2 Wochen Juni/Juli und im Oktober*

▌AMBIENTE

In dem wunderschönen Gemäuer „spürt" man Geschichte förmlich, die Familienhistorie ist ebenso spannend wie die des bekanntesten Weins des Weinguts, des Marzemino, der schon zu Mozarts Zeiten besungen (und getrunken!) wurde. Die gemütlichen Räume schmückt historisches Mobiliar und bald noch schöner ist der Innenhof.

▌KÜCHE & KELLER

Dazu die ehrliche, bodenständige Küche der Vineria, gradlinig zubereitete Trentiner Klassiker wie Strangolapreti, Canederli aller Arten, das feine Carne salada als Carpaccio, ergänzt durch viele, von der Jahreszeit geprägte Überraschungen wie knusprige Blätterteigtäschchen mit karamellisiertem Radicchio. Risotto oder Schmorbraten mit hauseigenem Marzemino sind eine Delikatesse. Doch der Gardasee ist nicht weit und die Teiche des Trentino um die Ecke, so dass es immer auch Fisch gibt: mariniert als Vorspeise, als Sugo zu den Primi oder als Hauptspeise, vielleicht Saibling mit Kräuterkruste, dazu Gemüse der Gegend und der Saison und dann die feinen hauseigenen Desserts. Die Weine des Weinguts kann man im Rahmen eines Menüs selbstverständlich glasweise verkosten.

TIPPS & INFORMATIONEN

Das Weingut De Tarczal ist eines der ältesten im Trentino. Lassen Sie sich den Weinkeller zeigen – uralte Gewölbe und beeindruckende riesige Fässer, in denen der Wein reift. De Tarczal ist berühmt für seinen Marzemino, jenen Wein, der in Mozarts Oper Don Giovanni besungen wird. Marzemino ist eine der wichtigsten heimischen Rebsorten hier im Vallagarina. Aus ihr entsteht ein fruchtiger Rotwein, der viele Trentiner Gerichte bestens begleitet.

4 CASA DEL VINO DELLA VALLAGARINA

Historische Gemäuer mit junger Küche, Spezialitätenladen inklusive

PLÄTZE | *120 Innen, 60 Terrasse/Garten*

LAGE | *Direkt am Hauptplatz von Isera*

PREISNIVEAU | *Antipasti um 6 €, Primi um 7 €, Secondi um 15 €, Dolci 5 €, Weine ab 10 €*

ADRESSE | *Casa del Vino della Vallagarina, Piazza San Vincenzo 1, 38060 Isera (TN), +39 0464 48 60 57, www.casadelvino.info*

RUHETAG | *keiner*

BETRIEBSFERIEN | *keine*

▌ AMBIENTE

Die Innenräume des historischen Gebäudes sind erst vor kurzem renoviert worden, der Garten mit vielen Rosen neu angelegt. Es sind herrliche alte Gemäuer mit viel Geschichte, Fresken, die von vergangenen Zeiten erzählen, moderne Einbauten für alles, was modern eben angenehmer ist wie Waschräume, Küche & Co. Der Blick von der Terrasse ins Etschtal hinunter ist sagenhaft.

▌ KÜCHE & KELLER

Ein junges Team kümmert sich um die Küche, in der die Produkte der Mitglieder der Kooperative verarbeitet werden. Käse, Gemüse, Wein, Eingelegtes, Schinken und Salami stammen von meist kleinen Familienbetrieben der Gegend. Die Küche verwandelt sie zu einem ansprechenden Menü, immer der Jahreszeit angepasst. Es gibt meist Antipasti mit Salami und Gemüse oder Zungen-Carpaccio mit Trüffeln zum Beispiel, zwei, drei Primi (etwa Canederli oder Risotto) bzw. Secondi (Schmorbraten oder Wild im Herbst) und eine schöne Auswahl an hausgemachten Dolci – wie die Tageskarte berichtet: immer von fröhlichen Menschen mit Freude serviert! Angenehm für Wanderer, Durchreisende und Leute, die im Urlaub keine Lust haben, auf die Uhr zu sehen: Von morgens bis abends kann man Salami- und/oder Käseteller bekommen, ein Stück Brot dazu und ein Glas Wein aus der reichhaltigen Auswahl.

TIPPS & INFORMATIONEN

Seit der Renovierung ist der kleine Laden im Palazzo ganztägig geöffnet. Dort findet man all die Produkte der Mitglieder der Kooperative, Weine der besten Produzenten der Gegend, Essige wie etwa Apfelbalsamessig, Olivenöl, allerlei Eingelegtes, Bekanntes wie etwa Pesto oder Gemüse, eher Seltenes wie Kornelkirschen, wie Oliven eingemacht; weiter Marmeladen, Aufstriche, Sirup und Säfte, Gebäck, Nudeln....

5 MASO PALÙ

Slow Food in urigem Ambiente

PLÄTZE | *80 Innen, 20 Terrasse/Garten*
LAGE | *Von Mori kommend, 2 km hinter Brentonico*
PREISNIVEAU | *Menü inklusive (!) Getränken, Caffè, Grappa 35 €*

ADRESSE | *Maso Palù, Loc. Palù, Via Graziani 56, 38060 Brentonico (TN), +39 0464 39 50 14, www.masopalu.com*

RUHETAG | *Mo bis Do, Juli und August hingegen täglich geöffnet*
BETRIEBSFERIEN | *Im Juni*

❚ AMBIENTE

Maso Palù ist ein gemütliches Bergrestaurant, viel Holz, viel „bergige" Deko, die hier aber wunderbar passt. Wir befinden uns immerhin auf fast 800 Höhenmetern. Im Winter wärmen Holzöfen, im Sommer weht eine frische Brise durch die Fenster. Leider gibt es nur wenige Plätze draußen.

❚ KÜCHE & KELLER

Im Internet haben wir gelesen, die Portionen seien klein. Wenn diese Leute je Recht hatten, dann hat sich die Wirtin das sehr zu Herzen genommen. Unser Degustationsmenü bestand aus einem schönen Teller mit Carpaccio und Tartar von Carne salada, einem Klecks herrlich weicher Polenta mit Fonduta und Trüffeln, Salami und Bergkäse, Insalata russa von Äpfeln und Gemüse sowie Kartoffeln mit Käse. Sodann dreierlei Primi: ein ausgezeichneter Orzotto mit Radicchio und Brät, Gnocchi mit Trüffeln und Bigoli alle sarde. Froh waren wir, von der ausgezeichneten Kaninchenroulade noch probiert zu haben, es hätte noch Tagliata mit Trüffeln und Schweinskoteletts gegeben. Dann warmen Apfelstrudel und Joghurt-Tiramisu. Dazu einen feinen Hauswein vom Weingut Simoncelli aus Isera, und zum Abschluss Caffè und Grappa. Wer möchte, kann aus der Weinkarte auch andere Weine des Trentino wählen.

TIPPS & INFORMATIONEN

In der Trattoria kann man auch Apfelsaft, Beerenessig, Sirupe und vielerlei Marmeladen bzw. „Composte" auf der Basis von Trentiner Äpfeln erstehen. Zum Beispiel (nachahmenswert!) Marmelade aus Äpfeln und Hagebutte oder Äpfeln und Pflaumen. Dazu gibt es Tees und Kräuterprodukte des Monte Baldo.

6 CA' DEI GIOSI

Vom Stall zur feinen Osteria: welch ein Aufstieg

PLÄTZE | *60 Innen, 60 Terrasse/Garten*
LAGE | *Unterhalb der Kirche des kleinen Dorfes*
PREISNIVEAU | *Antipasti um 9 €, Primi um 9 €, Secondi um 11 €, Dolci 4 €,*
Trentiner Degustationsmenü 30 €, Weine ab 12 €

ADRESSE | *Ca´ dei Giosi, Via Villa Alta 9a, 38070 Covelo di Terlago (TN),*
+39 0461 86 21 10, www.cadeigiosi.it

RUHETAG | *Montag, Dienstag*
BETRIEBSFERIEN | *Januar und August*

▌ AMBIENTE

Ein Bilderbuchbetrieb einer großen Familie. Fernando kocht, sein Bruder Germano und dessen Frau Ornella kümmern sich ebenfalls um Küche und Keller. Die weiteren Brüder betreiben bis heute einen stattlichen Bauernhof. Früher waren die Kühe hier untergebracht, doch dann wurden neue Stallungen gebaut und der alte Stall mit schönem Gewölbe durfte Osteria werden. Urgemütlich ist es drinnen; draußen sitzt man auf einer langgestreckten Veranda und genießt von dort den Ausblick hoch zu den Bergen.

▌ KÜCHE & KELLER

Klassische Trentiner Küche präsentieren Ornella und Fernando. Die Zutaten dafür stammen, soweit irgend möglich, aus der näheren Umgebung oder gar vom eigenen Gemüsegarten. Als Antipasti empfehlen wir Salami und Schinken vom Wild. Danach gibt es lockere, fein gewürzte Canederli mit Butter und Salbei, grüne Bandnudeln mit Sugo aus verschiedenen Fleischsorten (sehr empfehlenswert!) oder Brennnessel-Nocken mit Kräuterbutter. Dann könnte man das typische Trentiner Carne salada wählen oder eine zarte Lachsforelle mit gebratenen Gemüsen. Wenn Germano Zeit hat, zeigt er gerne seinen gut bestückten Weinkeller, in dem alle kleinen und großen Namen des Trentino versammelt sind. Besonders berücksichtigt werden die Weine des Valle dei Laghi.

TIPPS & INFORMATIONEN

Die Lachsforellen und anderen Fische bezieht Germano von der Fischzucht Trota d'oro im nahen Preore. Die vielen Bäche und Seen des Valle dei Laghi bieten ideale Bedingungen für die Fischzucht. Die Teiche können ständig von Frischwasser durchflutet werden, genau das wollen die Forellen. Dann braucht man nur noch natürliches Futter und lässt ihnen Zeit zum Wachsen. Denn auch bei Fischen führt „Turbomast" zu geringer Güte und wenig Geschmack.

7

TRATTORIA DEL BALSAMICO

Herrliche Aussicht, kulinarische Freuden

PLÄTZE | *120 Innen, 30 Terrasse/Garten*
LAGE | *Von Riva Richtung Lago di Tenno*
PREISNIVEAU | *Antipasti um 8 €, Primi um 8 €, Secondi um 15 €, Dolci 6 €, Weine ab 12 €*

ADRESSE | *Acetaia del Balsamico Trentino, Strada di San Zeno 2, 38060 Cologna di Tenno (TN), +39 0464 55 00 64, www.acetaiatn.it*

RUHETAG | *keiner*
BETRIEBSFERIEN | *Im Winter nur am Wochenende geöffnet*

▍ AMBIENTE

Der Platz ist sicher einer der schönsten am Gardasee. Der liebevoll eingerichtete Gastraum bietet einen herrlichen Blick auf den See und in die Berge. Die Gaststube ist mit vielen kleinen Fässern dekoriert, in denen ein Schatz des Hauses reift: Trentiner Balsamico. Wer bleiben will: Es gibt wunderschöne Zimmer mit Blick auf den See. Ein Platz zum Träumen.

▍ KÜCHE & KELLER

Ivo Bombardelli kann getrost nach der Philosophie des „Kilometro zero" arbeiten – hier sind es nämlich wirklich null Kilometer von der hauseigenen Acetaia, dem Weingut und der Rinderzucht in die Küche. Die zarten Canederli baden hier in einer würzigen Consommé vom eigenen Rindfleisch. Daraus wird auch Gulasch gekocht, gewürzt mit dem eigenen Rotwein, dazu Gemüse aus dem nahen Val di Gresta. Cremiger Risotto wird mit feinem Balsamico aus Gewürztraminer vollendet. Die Gnocchi entstehen aus Polenta di Storo, auch sie mit Rinderbraten oder dem eigenen Käse serviert. Das Geheimnis von Carne salada liegt zwar auch an den Gewürzen, vor allem aber an der Qualität des Fleischs. Nur Rinder, die langsam wachsen durften und bestes Futter erhielten, liefern gutes Fleisch für zartes Carne salada, das hier selbstverständlich mit Balsamico serviert wird.

TIPPS & INFORMATIONEN

Aus heimischem Gewürztraminer stellt die Acetaia Balsamico in demselben Verfahren wie den Balsamico tradizionale di Modena her. Das bedeutet, dass der Essig in Fässern aus verschiedenen Hölzern (Wacholder, Kirsche, Akazie, Kastanie, Birne….) reift und so zu einer dichten, duftenden Würzflüssigkeit wird. Der älteste hier ist derzeit 5 Jahre alt. Wenn Sie sich anmelden, können Sie Weinkellerei und Acetaia besichtigen und die Produkte mit Brot, Käse und Salami probieren. Öffnungszeiten Sommer: 8-12 und 15-22 Uhr, im Winter am Wochenende ab 18.30, Sa 12-14.30.

8 AGRITUR CALVOLA

Bioparadies mit Seeblick

PLÄTZE | *40 Innen, 50 Terrasse/Garten*

LAGE | *Von Riva aus kurz hinter Tenno*

PREISNIVEAU | *Antipasti um 8 €, Primi um 8 €, Secondi um 10 €, Dolci 4 €, Weine ab 8 €*

ADRESSE | *Agritur Calvola, Via Villa Calvola 62, 38060 Calvola Tenno (TN), +39 0464 50 08 20, www.agriturcalvola.it*

RUHETAG | *Im Sommer keiner, Okt.-März Montag bis Donnerstag*

BETRIEBSFERIEN | *variabel*

AMBIENTE

Egal ob Richtung Berge oder See: der Blick ist sagenhaft. Hier auf 650 Höhenmetern ist man vom Trubel des Seeufers weit entfernt und doch gleich unten am See. Blumengeschmückt ist das herrliche Steinhaus im Sommer, wenn man im schönen Garten mit Seeblick speisen kann, die urigen Gewölbe bieten im Winter heimelige Atmosphäre.

KÜCHE & KELLER

Der Bio-Agriturismo von Bruno Santoni und seiner Familie ist ein lohnendes Ziel für Liebhaber von Tradition und Frische. Hier werden die hauseigenen Bio-Produkte in Trentiner Klassiker verwandelt. Es gibt Carne salada mit Bohnen, köstliches eigenes Olivenöl, dessen Pressrückstände, Molche genannt, einem charaktervollen hausgebackenen Brot beigemengt werden. Das Fleisch der eigenen Schweine wird in köstliche Salamisorten verwandelt, das Gemüse aus dem Garten wird eingelegt als Vorspeise serviert. Es gibt hausgemachte Pasta mit frischen Gartengemüse, mit „Sugo alle molche" oder zarte Strangolapreti. Neben Carne salada kann man sich Kaninchen oder Spanferkelbraten aus dem Holzofen schmecken lassen. Im Sommer gibt es hausgemachtes Eis und ansonsten Strudel oder feine, mürbe Kuchen mit hausgemachter Marmelade. Dazu kann man ein gutes Glas des eigen Weißen (Muller IGT oder Sauvignon) oder Roten (Schiava oder den charaktervollen Rebo) genießen.

TIPPS & INFORMATIONEN

Carne salada wird so gemacht: Sie nehmen ein schönes Stück Rinderkeule von ca. 1 kg. Das Fleisch mit einer Würzmischung rundherum einreiben. Dafür 50 g Salz, 10 g brauner Zucker sowie Rosmarin, Lorbeer und Wachholder mischen. In einer Deckelterrine, in die das Fleisch gerade so hineinpasst, eine Woche im Kühlschrank reifen lassen, ab und an umdrehen. Nun kann man das Fleisch entweder wie Carpaccio roh servieren, oder ganz kurz in der Pfanne braten.

9 AL FORTE ALTO

Friedliche Verwandlung: Von der Festung zum Restaurant

PLÄTZE | *50 Innen, 30 Terrasse/Garten*

LAGE | *Die Festung ist im kleinen Nago nicht zu übersehen*

PREISNIVEAU | *Antipasti um 13 €, Primi um 13 €, Secondi um 22 €, Degustationsmenü 36 €, Weine ab 18 €*

ADRESSE | *Al Forte Alto, Via Castel Penede 16, 38060 Nago (TN), +39 0464 50 55 66, www.alfortealto.it*

RUHETAG | *Dienstag, nur abends, Sa und So auch mittags*

BETRIEBSFERIEN | *keine*

AMBIENTE

Bevor man das Lokal betritt, sollte man bei Tageslicht noch ein paar
Schritte gehen zum Aussichtsplatz neben der Festung von Nago. Ein
herrlicher Blick über den oberen Gardasee und die Sarca-Mündung ist
der Lohn. Das dicke Bollwerk der Festung ist innen urgemütlich, einfach etwas ganz Besonderes. Im Sommer kann man den Aperitif im
Innenhof nehmen.

KÜCHE & KELLER

Marcello Franceschi verwandelt Trentiner Produkte in Geschmackser-
lebnisse. Neue Gartechniken und Ideen lassen fast ein wenig an Mole-
kularküche denken, man merkt aber deutlich die Wurzeln der heimischen Küche. Das beginnt schon beim hausgebackenen Brot mit
Nüssen oder „Molche", Oliventrester, also den Rückständen der Oli-
venölherstellung. Zur Vorspeise gibt es heimischen Fisch, etwa Forelle
in Apfelessig mariniert, legendär sein selbst hergestellter Kochschin-
ken. Seine Ravioli füllt er gerne mal mit Olivenölschaum, Kaninchen
werden im Vakuum gegart, wie Salami aufgeschnitten und auf Wildsa-
lat präsentiert. Die Desserts sind große Klasse, Liebhaber bestellen
die Dolci-Degustation. In einem solch feinen Restaurant ist eine
schöne Weinkarte eine Selbstverständlichkeit: Hier sind die besten
Produzenten des Trentino und darüber hinaus versammelt.

TIPPS & INFORMATIONEN

Falls Sie vor dem Essen in Riva bummeln waren,
schauen Sie doch in der Riva Bar zum Aperitivo
vorbei. Die Bar ist im ehemaligen Bahnhof untergebracht und schon architektonisch sehenswert.
Dazu gibt es allerlei Drinks, die bekannten Aperitivi
und einen ganzen Tisch voller Knabbereien, kleiner
Häppchen, Minipizze und vieles mehr um den
ersten Hunger zu stillen.

10 # LA CASINA

Trentiner Spezialitäten mit herrlichem Blick

PLÄTZE | *60 Innen, 30 Terrasse/Garten*
LAGE | *Auf dem Weg nach Drena beschildert*
PREISNIVEAU | *Antipasti um 8 €, Primi um 8 €, Secondi um 11 €, Dolci 6 €,*
Weine ab 10 €

ADRESSE | *La Casina, Loc. La Casina 1, 38074 Drena (TN),*
+39 0464 54 12 12, www.ristorantelacasina.com

RUHETAG | *Dienstag*
BETRIEBSFERIEN | *variabel*

▌ AMBIENTE

Ein trutziges Gebäude aus Bruchsteinmauern liegt ganz malerisch über dem Tal, der Blick reicht weit, der Garten ist wunderschön, mit viel Kräutern und alten Bäumen bewachsen. Auch drinnen ist es urig – Gewölbe und dicke Mauern, alte bäuerliche Gegenstände, die die Wände schmücken, hölzerne Tische und Stühle, hübsch eingedeckt. Wenn uns etwas gestört hat, dann der Fernseher im Hauptraum. Aber es gibt auch zwei gemütliche Nebenräume.

▌ KÜCHE & KELLER

Hier werden Trentiner Küchenspezialitäten aufgetischt: Salami und Wildschinken könnte eine Vorspeise sein, dann gibt es hausgemachte Canederli in Brühe oder Strangolapreti, die berühmten Priesterwürger mit Spinat, Trentingrana und zerlassener Butter. Zu den hausgemachten Primi werden oft Wildsoßen gereicht, aus Hirsch oder Reh aus den hiesigen Wäldern. Die Gerichte, erst Recht die Gemüsebeilagen und Salate, wechseln je nach Jahreszeit, die Zutaten stammen von bäuerlichen (Bio-)Betrieben der Gegend. Auf der Weinkarte findet man Tropfen der hiesigen Produzenten. Manchmal gibt es – je nach Jahreszeit – Themenmenüs wie etwa ein Kastanienmenü im Herbst oder zur Erntezeit Spezialitäten aus den „Susine di Dro", den feinen hiesigen Pflaumen.

TIPPS & INFORMATIONEN

Wenige Kurven weiter befindet sich ein Bauernhof, der sich auf den Anbau und die Verarbeitung von "Piccoli Frutti", also Beerenfrüchten, spezialisiert hat. Die Produkte kann man im La Casina erwerben: Aufstriche, Konfitüren, Liköre und vieles andere mehr. Im La Casina gibt es jeweils im Juni ein Menü, bei dem Beeren vom Antipasto bis zum Dolce kreative Verwendung finden.
Info unter www.azienda-agricola-zanetti-andrea.it

11 AGRITUR EDEN MARONE

Mit Liebe hausgemacht

PLÄTZE | *60 Innen, 60 Terrasse/Garten*
LAGE | *2 km im Hinterland von Riva*
PREISNIVEAU | *Antipasti um 8 €, Primi um 8 €, Secondi um 12 €, Dolci 5 €,*
Weine ab 10 €

ADRESSE | *Agritur Eden Marone, Via Marone 23, 38066 Riva del Garda*
(TN), +39 0464 52 15 20, www.eden-marone.it

RUHETAG | *Keiner, nur abends, Sa/So auch mittags, bitte reservieren*
BETRIEBSFERIEN | *Februar*

▎ AMBIENTE

Im Hinterland von Riva geht es schon ins schöne Valle dei Laghi mit seinen Weinfeldern, Olivenhainen und den malerischen Seen. Hier liegt der Agritur Eden Marone mit schönem Blick rund herum von der Terrasse. Innen herrscht Trentiner Gastlichkeit: karierte Tischtücher, schönes Geschirr, freundlicher Service.

▎ KÜCHE & KELLER

So weit es irgend geht, verwendet Valter die eigenen Produkte in der Küche: das köstliche Olivenöl, den Wein, den Honig sowie Früchte und Kräuter aus dem Garten. Daraus zaubert er Trentiner Spezialitäten wie die feinen Strangolapreti, die Spinatnocken, hausgemachte Pasta mit „Molche", dem Pressrückstand des Olivenöls. Die Fische der umliegenden Seen kommen als köstliche Antipasti auf den Tisch, als Sugo zum Beispiel zu Dinkeltagliatelle oder als Secondo mit würziger Kräuterkruste. Das Fleisch für bestes Carne salada, Schweinefilet mit Trentiner Käse oder Sughi bezieht der Agritur von befreundeten Betrieben. Es gibt aber auch vegetarische Hauptgerichte wie gegrillte Gartengemüse mit Tofu und Kräutersoße. Außerdem bietet der Agritur glutenfreie Gerichte. Gattin Wania ist für die Dolci zuständig: hausgemachte Kuchen und Torten, Panna cotta mit vielen Früchten aus dem Garten oder Apfelstrudel.

TIPPS & INFORMATIONEN

Die Produkte des Agritur kann man auch kaufen. Zum Beispiel das Olivenöl, das den kräftigen Charakter des Öls des Valle dei Laghi hat. Es gibt weiterhin Akazien- und Kastanienhonig, wobei der Akazienhonig ein sehr mild-feiner Honig ist. Kastanienhonig ist dunkel und hat einen sehr ausgeprägten, charaktervollen Eigengeschmack. Bei den Weinen sind es Merlot, Cabernet Sauvignon, Chardonnay und Pinot Grigio, deren Reben hier ums Haus wachsen und die von Valter vinifiziert werden.

12 LEON D'ORO

Ein gemütliches Gasthaus für die ganze Familie

PLÄTZE | *170 Innen, 30 Terrasse/Garten*

LAGE | *In der Altstadt von Riva*

PREISNIVEAU | *Antipasti um 8 €, Primi um 8 €, Secondi um 15 €, Dolci 5 €,
Weine ab 16 €*

ADRESSE | *Leon d' Oro, Via Fiume 28, 38066 Riva (TN),
+39 0464 55 23 41, www.leondororiva.it*

RUHETAG | *keiner*

BETRIEBSFERIEN | *November - März*

AMBIENTE

Man sieht den Gewölben an, dass sie schon vor rund hundert Jahren
Gäste beherbergt haben: dicke Mauern und Pfeiler, die Geschichte
atmen. Die großen Räume sind mit hübschen Durchgängen unterteilt,
so dass man viele gemütliche Ecken findet. Im Sommer kann man an
den Tischen vor der Tür den anderen beim Bummeln zusehen.

KÜCHE & KELLER

Im Leon d' Oro dürfte jeder etwas finden. Es gibt Kinderteller und
Pizza aus dem Holzofen, allerlei Nudelgerichte, die Pasta hausgemacht wie die Soßen dazu, Risotti, klassische Fleischgerichte der
Trentiner Küche wie etwa Hirschragout und selbstverständlich Carne
salada. Die Portionen sind so bemessen, dass auch Bergsteiger satt
werden. Für etwas verwöhntere Gaumen werden etwa geräucherte En-
tenbrust, Trüffelgerichte und auch Meeresfisch angeboten. Angenehm ist, dass man hier durchgehend warm essen kann. Grade wenn
man vom Wassersport oder von einer Bergtour zurückkehrt, will man
vielleicht gleich was „Gescheites" und das bekommt man hier zu an-
genehmen Preisen.

TIPPS & INFORMATIONEN

In Riva und Arco befinden sich die zwei Nieder-
lassungen des MAG, was für „Museo Alto Garda"
steht. Hier gibt es eine sehenswerte Dauerausstel-
lung unter anderem zur Geschichte der Gardasee
- Region sowie ein interessantes wechselndes Pro-
gramm. In Riva befindet sich das Museum direkt
am See in der mittelalterlichen Rocca mit dem
hohen Turm Mastio, den man besteigen kann. Von
dort hat man eine wunderbare Aussicht auf den
See und die Altstadt. Informationen unter
www.muesoaltogarda.it

13 VILLETTA ANNESSA

Eine Küche ohne Dosenöffner

PLÄTZE | *45 Innen, 35 Terrasse/Garten*
LAGE | *Mitten in Riva*
PREISNIVEAU | *Antipasti um 10 €, Primi um 10 €, Secondi um 15 €, Dolci 8 €, Weine ab 22 €*

ADRESSE | *Ristorante Viletta Annessa, via Monte Oro 9, 38066 Riva del Garda (TN), +39 0464 55 23 35, www.hotelmiravalle.com*

RUHETAG | *Montag, nur abends geöffnet*
BETRIEBSFERIEN | *Februar*

AMBIENTE

Im Sommer sitzt man im Innenhof zwischen Zitronen- und Orangen-
bäumen, schaut in die Berglandschaft hinter Riva und lässt sich verwöhnen. Drinnen sorgen mediterrane Pflanzen, fröhlich bunte Wände
und schöne Tische für eine elegante Gemütlichkeit. Sehr freundlicher,
kompetenter Service.

KÜCHE & KELLER

Küchenchef Luca Bombardelli ist ein kreativer Koch, der aus einfachen Gerichten das gewisse Etwas herausholt. Seine Philosophie ist
eigentlich einfach: beste Produkte, wenn irgend möglich aus der Region, von Betrieben, die er selber besucht. Frische Zutaten, jeweils der
Jahreszeit entsprechend, mit Schlichtheit einerseits und großem Können andererseits zubereitet. Was er kann, zeigt er vor allem bei den
Antipasti (Parmesancrespelle mit Robiola und Spargel oder Schinken-
mousse mit weißem Spargel und Bozener Soße) und den Dolci. Die
Primi sind traditionell mit eigener Handschrift: Ravioli mit Gardasee-
fischen und jungem Gemüse oder Fettucine mit Spargelsoße. Die Secondi kommen vom Grill – Gemüse, Gardaseefisch und Fleisch bester Herkunft, perfekt gegrillt. Als Dolce wählt man lauwarmen
Schokoladenkuchen oder hausgemachtes Zimteis mit Rotweinbirnen
oder Ananas-Krokant-Sorbet. Schöne Weinauswahl, von Zeit zu Zeit
gibt es Themenmenüs.

TIPPS & INFORMATIONEN

In Arco hat die Kaffeerösterei Omkafè ein kleines
Museum eingerichtet, das sich mit der Geschichte
des schwarzen Lebenselixiers von antiken Traditi-
onen bis zu den ersten Espresso-Maschinen beschäftigt. Gezeigt werden Kaffeemaschinen seit 1800,
Bücher von 1600 bis 1800 sowie Exponate zur
Firmengeschichte von Omkafè, des weiteren die
faszinierende Reise des Kaffees von den Ur-
sprungsländern bis in unsere Tassen.

14 RIFUGIO MONTE BALDO

Beste Traditionsküche als Stärkung nach dem Wandern

PLÄTZE | *100 Innen, 50 Terrasse/Garten*

LAGE | *Zwischen Caprino und Ferrara di Monte Baldo*

PREISNIVEAU | *Antipasti um 5 €, Primi um 7 €, Secondi um 10 €, Dolci 4 €, Weine ab 9 €*

ADRESSE | *Rifugio Monte Baldo, Loc. Madonna della Neve, 38063 Avio (TN), +39 0464 39 15 53, www.rifugiomontebaldo.it*

RUHETAG | *Im Sommer keiner*

BETRIEBSFERIEN | *Im Winter besser anrufen*

AMBIENTE

Ein uriger Berggasthof an den Hängen des Monte Baldo empfängt
Wanderer, Naturliebhaber und natürlich Hungrige. Im großen Speisesaal sitzt man an schön eingedeckten Tischen, im Sommer wartet auf
die Gäste eine Terrasse mit phantastischem Ausblick. Die Familie Pa-
chera führt das Rifugio seit der Eröffnung im Jahre 1924 und setzt auf
die Verbindung von Natur und jahreszeitlicher Küche. In gemütlichen
Zimmern kann günstig übernachtet werden, was sich bei den vielfälti-
gen Ausflugsmöglichkeiten allemal lohnt.

KÜCHE & KELLER

Wie in dieser Lage zu erwarten, bestimmen die Berge das kulinarische
Angebot: Wild, Pilze, Kräuter, alles üppig und zu sehr moderaten
Preisen. Hier gibt es Polenta - Gnocchi mit einem feinen Kaninchensugo oder Tagliatelle mit Rehragout, aber auch Risotto mit Kräutern
vom Monte Baldo. Als Hauptspeise könnten Hirschragout und Polenta, Kaninchenrollbraten oder Scaloppine mit Pilzen erfreuen, als Beilage gibt es bisweilen auch Wildkräuter wie Guter Heinrich. Eine Spezialität des Rifugio sind Krautwickel, ganz italienisch gewürzt.
Natürlich ist alles hausgemacht und liebevoll präsentiert, auch das
Brot und die Kuchen. Nur die Weinauswahl ist leider eher mager.
Doch dafür ist der Ausblick herrlich und die reine Luft zum Genießen, vor allem im Sommer, wenn es unten zu heiß ist.

TIPPS & INFORMATIONEN

Der Monte Baldo ist ein Pflanzenparadies, es gibt
jede Menge Kräuter und Blumen, die nur hier heimisch sind. Für Besucher ist die herrliche Pflan-
zenwelt im Orto Botanico di Novezzina aufbereitet,
einem ausgedehnten Gelände auf gut 1200 Höhenmetern. Hier findet man auch die Bottega dello
Speziale, wo es Kräutertees aus Baldokräutern,
Marmeladen aus Wildfrüchten und Beeren und
vieles andere mehr gibt. Informationen unter
www.ortobotanicomontebaldo.org

MARKTTAG AM GARDASEE

Bauernmärkte rund um den See

Geht es Ihnen auch manchmal so: Sie haben Urlaub, könnten ausschlafen, aber die innere Uhr hat sich noch gar nicht umgestellt? Wir empfehlen: Nicht ärgern, sondern nachsehen, wo der nächste Wochenmarkt ist. Der Vorteil am Gardasee: Hier ist eigentlich jeden Tag Markt. Auch die kommunalen Wochenmärkte haben ein kleines Lebensmittelangebot, doch seit einigen Jahren gibt es immer mehr Bauernmärkte, im Veneto durch die Bauernvereinigung Coldiretti organisiert und in der Lombardei durch die Vereinigung Agrituristico Mantova. Hier hat Marco Boschetti mit seinem Team die »Mercati Contadini« aufgebaut.

Seit wann gibt es die Bauernmärkte?

Direktverkauf gibt es, seit es Landwirtschaft gibt. Zieht man dies in Betracht, ist es eigentlich eine kurze Zeit, in der kommerzielle

Distribution durch Supermärkte diesen direkten Kontakt von Erzeuger zu Verbraucher verdrängt hat. Doch in den letzten Jahren gibt es einen Trend zurück zu Qualität und Tradition. Das Wissen um die Herkunft von Lebensmitteln und die Verbundenheit mit der Region haben wieder einen hohen Stellenwert– dies möchten wir tatkräftig unterstützen..

Wie entstand die Idee in der Region Mantua?

Seit etwa 2005 gibt es in verschiedenen Teilen Italiens Initiativen, Bauernmärkte zu fördern. Die ersten beiden waren in Taranto im Süden Italiens und hier bei uns in Mantua! Heute gibt es etwa tausend Bauernmärkte in Italien.

Gibt es Auswahlkriterien? Wer darf mitmachen?

Dies regelt jeder Markt und jede Gemeinde selbst. Doch es müssen Bauernhöfe bzw. Produzenten der Region sein und der größte Teil des Angebots muss aus eigener Erzeugung stammen. Und dann müssen die Betriebe selbstverständlich gewisse Standards einhalten, etwa in Bezug auf Hygiene. Wir beraten unsere Mitglieder in Bezug auf Vermarktung und Erzeugung.

Werden die Märkte angenommen? Steigt die Zahl der Besucher in der Saison?

Am besten besucht ist der Markt am Lungorio in Mantua – jeden Samstag kommen vier- bis fünftausend Menschen, ich übertreibe nicht! Hier gibt es inzwischen alles zu kaufen, was die Region hergibt, eine immense Vielfalt! Man merkt im Sommer schon, dass Touristen da sind, aber es dürfen ruhig noch mehr werden. Man lernt viel über ein Land, wenn man direkt mit den Erzeugern redet und regionale Produkte genießt.

TIPPS & INFORMATIONEN

Bauernmärkte rund um den Gardasee, jeweils von 8-13 Uhr (von Nord nach Süd) Malcesine (Loc. Cassone, Mo, Loc. Navene, Fr), Brenzone (Loc. Assenza, Do), Torri del Benaco (Mi), Calmasino (Sa), Lazise (Loc. Pacengo, Fr), Castelnuovo D/G (So), San Benedetto di Lugana (Do), Desenzano (Di und Do), Castiglione delle Stiviere (Do), Mantua (Lungorio IV novembre, Sa)

www.verona.coldiretti.it (Link:" I mercati di Campagna Amica (Km 0): Veronatura") und www.agriturismomantova.it/mercati-list.php. Den Bauernladen in Mantua finden Sie unter www.prodottoinfattoria.it (Strada Chiesanuova 8, Mantova, Mo-Sa 9-13, 14-19 Uhr, Info +39 0376 324 889)

TRENTINO

WEIN   OLIVENÖL   SPEZIALITÄTEN

① FRANCESCO POLI

Destillerie, Weingut

ADRESSE:
Fraz. Santa Massenza 36
38070 Vezzano (TN)
+39 0461 34 00 90
www.distilleriafrancesco.it

ÖFFNUNGSZEITEN:
Nach Vereinbarung. Ohne Termin sollten
Sie auf die italienische Mittagspause von
ca. 12.30-15 Uhr Rücksicht nehmen.

▌ BETRIEB

Vater Francesco ist stolz auf seinen Sohn Alessandro. Denn der hat
mit Hingabe das Weingut biologisch umgestellt, ohne auf die Erfahrung und die Tradition zu verzichten. Falls Sie übrigens bei einem an-
dern „Poli" landen, ist das kein Problem. Santa Massenza wird auch
als das Dorf der „Cinque Poli" bezeichnet – alle produzieren feinen
Wein und exzellente Destillate.

▌ PRODUKTE

Wie edler Grappa entsteht, kann man bei einem Besuch während der
Weinlese verfolgen. Saftig und frisch wird der Trester gebrannt – noch
nach Beeren duftend. So, mit viel Erfahrung und modernen Destillier-
geräten, die obendrein noch schön sind, entstehen Reinsorten-Grappe
der Sonderklasse. Aber auch die Weine sind hervorragend – der charaktervolle heimische Nosiola, der Rebo, der interessante Rote oder
der Solaris, dessen erster Jahrgang 2012 in den Verkauf kam. Große
Klasse ist der Vino Santo, der „heilige Wein" des Hauses, der aus über
Wochen an der Luft getrockneten Nosiola - Trauben entsteht. Er wird
lange gelagert, seine Aromen erfüllen einen ganzen Raum, öffnet man
eine Flasche. Wozu er am besten passt? Lächelnd meint Alessandro:
zu guten Freunden. Wichtiger als die Begleitung (zu Käse oder zu
hausgemachten Dolci) sei, ihn gemeinsam zu genießen. Recht hat er.

CANTINA TOBLINO 2

Weingut, Spezialitäten

ADRESSE:
Via Longa 1
38072 Sarche di Calavino (TN)
+39 0461 56 41 68
www.toblino.it

ÖFFNUNGSZEITEN:
Mo-Sa 8–12.30 und 14-19 Uhr
So 9-12.30 und 14-19 Uhr

BETRIEB

Hier kann man nicht nur Wein kaufen, sondern auch mittags und abends mitten in der Cantina sehr feine, traditionelle Küche genießen. Sodann gibt es eine Wine-Bar, wo man sich vor dem Kauf glasweise durchprobieren kann. Neben den eigenen Erzeugnissen bietet der hübsche Laden auch erlesene Produkte von anderen Produzenten der Gegend und aus ganz Italien. Jegliches Mitbringsel-Problem für Genießer ist hier gelöst.

PRODUKTE

Die Cantina bietet 22 verschiedene Weine und drei Sorten Grappa an. Unter den Weißweinen kann man neben Sauvignon, Chardonnay und Pinot grigio einen feinen Nosiola finden, aber auch Gewürztraminer und Kerner. Als Süßweine gefallen Moscato giallo und – recht ausgefallen - Goldtraminer. Mit dem „Antares" hat man einen feinen Spumante im Glas. Schiava (Vernatsch) und Lagrein präsentieren sich in einer Rosé-Variante. Die Trentiner Rotweine Lagrein Dunkel, Teroldego und Rebo sind genau so vertreten wie Cabernet Sauvignon, Merlot und Pinot nero. Der reife, tiefe „eLimaró" wird aus Rebo und anderen autochthonen Rebsorten gewonnen und passt hervorragend zu Wildgerichten und Schmorfleisch, aber auch zu feinen Käsen.

WEIN

3 PRAVIS
Weingut

ADRESSE:
Fraz. Madruzzo, Loc. Biolche 1
38076 Lasino (TN)
+39 0461 56 43 05
www.pravis.it

ÖFFNUNGSZEITEN:
Nach Vereinbarung. Ohne Termin sollten
Sie auf die italienische Mittagspause von ca.
12.30-15 Uhr Rücksicht nehmen.

❚ BETRIEB

Das Weingut liegt mitten im Valle dei Laghi, abseits aller Straßen, inmitten der Weinfelder. Nur von diesen stammen die Trauben, zugekauft wird nichts. Wo das Gelände ansteigt, sind die Weinberge mit
Natursteinen terrassiert. Der Boden ist ideal für Weinstöcke, seien es
heimische Rebsorten oder internationale – und neuerdings wird auch
pilzwiderstandsfähigen neuen Sorten wie etwa „Solaris" Aufmerksamkeit geschenkt.

❚ PRODUKTE

Gedüngt wird hier nur mit Kompost oder anderem natürlichen Dün-
ger, auf naturnahen Anbau wurde schon lange, bevor „bio" in Mode
kam, Wert gelegt. Durch sorgsame Pflege der Weingärten und akkura-
te Arbeit im Keller gelingt es den drei Freunden, die das Gut betreiben, charaktervolle Weine mit ausgeprägtem Sinn für das Terroir in
eigener Handschrift zu produzieren. Dicht der Groppello „El Filò"
und würzig und dennoch leicht der heimische Nosiola „Le Frate" oder
der Sauvignon „Teramara" mit zarten Zitrus-Tönen. Entdeckenswert
ist der Solaris des Hauses, eine Kreuzung aus Riesling und einer sibi-
rischen Waldrebe. Solaris findet gerade im oberen Teil des Valle dei
Laghi ideale Bedingungen und bringt beachtliche Tropfen hervor.

GINO PEDROTTI **4**

Weingut, Brotzeitstube

ADRESSE:
*Via Cavedine 7
38074 Pietramurata (TN)
+39 0461 56 41 23
www.ginopedrotti.it*

ÖFFNUNGSZEITEN:
*Im Sommer ganztägig. Im Winter sollten
Sie auf die italienische Mittagspause von
ca. 12.30-15 Uhr Rücksicht nehmen.*

❚ BETRIEB

Das Weingut der Pedrottis liegt gleich am Radweg, der durch das
schöne Valle dei Laghi führt. Im Sommer betreiben sie eine Bar mit
kleiner Küche; man kann im Garten die Bioweine genießen und eine
Kleinigkeit dazu essen. Es gibt Trentiner Wurst und Speck, einen Käseteller mit hausgemachten Mostarde, geräucherten und eingelegten
Fisch aus den Seen und einige Dolci. Ein schöner Familienbetrieb,
dessen Weinberge im Tal, aber auch an den terrassierten Hängen über
dem Lago di Cavedine liegen.

❚ PRODUKTE

Die Trauben stammen allesamt aus biodynamischem Anbau, die regionalen Rebsorten erfahren hier sorgsame Pflege mit Respekt vor der
Natur im Weinberg und großem Können im Keller. Zart und „nussig"
mit dem Aroma reifer Früchte ist der weiße Nosiola. Bemerkenswert
der Rote „Auro" aus Cabernet Franc und Merlot und interessant der
Schiava Nera, dessen Trauben spät gelesen werden und eine kurze
Trocknung direkt an der Pflanze erfahren. Dadurch wird der Wein
dicht und aromareich. Eine Delikatesse ist der Vino Santo, für den
Nosiola-Reben an der Luft getrocknet, erst im Frühjahr gepresst und
dann noch lange gelagert werden. Darüber hinaus wird aus dem Trester erstklassiger Grappa gebrannt.

1 MADONNA DELLE VITTORIE

Ölmühle, Weingut

ADRESSE:
Via Linfano 81
38062 Arco (TN)
+39 0464 50 55 42
www.madonnadellevittorie.it

ÖFFNUNGSZEITEN:
Mo-Sa 8.30-12.30 und 15-19 Uhr

▌ BETRIEB

Dort, wo die Winde Ora und Pelér wehen und südliche Wärme ins Valle dei Laghi bringen, liegt die Ölmühle und Weinkellerei Madonna delle Vittorie. Die Ölhaine um Torbole, Riva und Arco liegen im nördlichsten Olivenanbaugebiet der Welt. Die kalkhaltigen Böden und das milde Mikroklima bieten ideale Bedingungen für bestes Olivenöl, das mit hochmodernen Maschinen in großer Qualität gewonnen wird.

▌ PRODUKTE

Es gibt hier drei Sorten Olivenöl. Das „Extravergine classico" aus den Olivensorten Frantoio und Casaliva ist fein und elegant, aber besonders ist das leicht fruchtige „Trentino DOP", das die deutlichen Bittertöne von Artischocken und noch nicht ganz reifen Oliven qualitativ hochwertiger Öle hat. Bestes Öl gewinnt man, wenn genau zum richtigen Zeitpunkt geerntet wird. Wichtig ist dann, dass die Oliven so schnell als möglich verarbeitet werden – hier hat man mit einer eigenen Ölmühle ideale Bedingungen. Mit vielen Auszeichnungen von Merum, Feinschmecker und Co versehen ist schließlich das „Olio Extravergine Monocultivar Denocciolato", das ausschließlich aus entkernten Oliven der Sorte Frantoio gewonnen wird. Doch auch die Weine der Familie Mandelli sind beachtlich – zum Beispiel der „Summolaco" aus Teroldego, Lagrein und Cabernet Sauvignon.

AGRARIARIVA DEL GARDA ②

Ölmühle, Wein, Spezialitäten

ADRESSE:
Via San Nazzaro 4
38066 Riva del Garda (TN)
+39 0464 55 21 33
www.agririva.it

ÖFFNUNGSZEITEN:
Mo-Sa 8.30-12.30 und 15-19 Uhr
Ostern – Okt. auch So 8.30-12 Uhr
Adventssonntage: So ganztägig

BETRIEB

Steuert man das nicht zu übersehende Gebäude der Agrariariva am nördlichen Rand von Riva an, trifft man auf ein Feinschmeckerparadies. Denn hinter den modernen Mauern befindet sich ein Feinkostladen besonderer Art. Das Consorzio produziert Olivenöl und Wein, dazu werden Spezialitäten von befreundeten Betrieben der Region aber auch aus ganz Italien angeboten.

PRODUKTE

Das Olivenöl der Agrariariva hat viele Auszeichnungen erhalten, vom Feinschmecker, vom Gambero Rosso oder von Merum. Aus der modernen Ölmühle kommt reinsortiges Casaliva, ein Bio-Olivenöl und ein Öl namens 46 ° Parallelo, 46. Breitengrad, dem nördlichsten Olivenanbaugebiet der Welt. Das Olivenöl zählt zu den besten der Gardaseeregion. Wein gibt es offen, zum günstigen Preis, in Flaschen abgefüllt werden beste Weine aus heimischen Reben wie Nosiola oder ein frischer Rosé aus der Traube Schiava. Es gibt aber auch eine beeindruckende Auswahl von Weinen aus ganz Italien, Edelbrände aus dem Trentino, Liköre, Marmeladen und Eingelegtes von kleinen Manufakturen, Gemüse, Obst, Gebäck, Brot. Die Wurst- und Käsetheke versammelt Spezialitäten aus der gesamten Region und darüber hinaus. Sogar Fleisch oder Bier kann man hier kaufen, auch Seifen oder Kosmetik aus Olivenöl.

OLIVENÖL

1 CONSORZIO ORTOFRUTTI-COLO VAL DI GRESTA

Gemüse, Obst, Spezialitäten

ADRESSE:
Via Longa 86/90
38060 Ronzo-Chienis (TN)
+39 0464 80 29 22
www.valdigresta.org

ÖFFNUNGSZEITEN:
Mo-Sa 8-12, Di, Do, Fr,
Sa auch 15.30-18.30

▌ BETRIEB

Seit 1972 gibt es im Val di Gresta mit dem Zentrum Ronzo-Chienis die Kooperative der Gemüseerzeuger. 150 Mitglieder hat sie heute und gemeinsam werden stolze 20.000 Tonnen Obst und Gemüse erzeugt. Man hat hier schon biologisch produziert, so ein Mitglied, als das noch gar nicht "modern" war. Heute sind 75 Prozent der Produktion biologisch zertifiziert und die restlichen 25 Prozent sind integrierter Anbau. Dabei wird mit so wenig Spritzmittel wie irgend möglich und mit vorbeugendem Pflanzenschutz gearbeitet.

▌ PRODUKTE

Das Val di Gresta hat ein ganz besonderes Mikroklima. Durch die Berge ist es von Norden geschützt und von Süden streichen die warmen Winde des Gardasees um die Felder. Wichtige Erzeugnisse sind Mangold, Blumenkohl, Karotten, Weiß- und Rotkraut, Bohnen, Kartoffeln, Lauch, Sellerie, Wirsing und viele verschiedene Radicchiosorten, im Sommer selbstverständlich auch Zucchini und Tomaten. Die Gemüse werden auf verschiedene Art eingelegt und in Gläsern angeboten. Bei den Früchten hat man sich vor allem auf die sogenannten „piccoli frutti" wie Himbeeren, Blaubeeren und Johannisbeeren spezialisiert. Aus ihnen werden fruchtige Aufstriche mit ganz wenig Zucker und viel Frucht sowie Sirup und Säfte hergestellt.

SPECIALITÀ ALIMENTARI LUNELLI ❷

Feinkost aller Art

ADRESSE:
Piazza Valussi 5
38070 Sarche (TN)
+39 0461 56 41 66
www.lunelli.it

ÖFFNUNGSZEITEN:
Mo-Fr 6.45 - 12.30 / 15.00 19.15 Uhr
Sa. 6.45-12.30 / 15.00 19.15 Uhr
So 6.45 - 13.00 Uhr

BETRIEB

Rino und Gianclaudio Lunelli führen heute das Familienunternehmen, das von den Eltern bereits als Spezialitätengeschäft gegründet wurde. Hier ist alles versammelt, was die Lunellis als „l'artigianato gastronomico" – soviel wie gastronomische Handwerkskunst – mit großer Leidenschaft zusammentragen. Seit 2013 gibt es neben dem Hauptgeschäft in Sarche auch eine Filiale in der Nähe des Doms in der Via Mazzini in Trento.

PRODUKTE

Regale voller Spezialitäten handverlesener Produzenten aus dem Trentino und anderswo her findet man hier. Egal, ob es sich um eingelegte Gemüse oder Fisch handelt, um Soßen und Pasten – alles ist von exzellenter Qualität. Vieles kommt aus der Gegend - so findet man z.B. Wildkräuter oder eingelegte Waldfrüchte. Den Raum beherrschen zwei stattliche Kühltheken. In der reich gefüllten Käsetheke findet man Puzzone di Moena, Trentingrana von ausgezeichneter Qualität, in Stroh oder Walnussblättern gereifte Käse und eigene hervorragende Käsezubereitungen. Dann gibt es Hirschsalami, Rehschinken sowie viele weitere Trentiner Wurstspezialitäten. Die Weinregale sind mit Weinen aus dem Trentino und ganz Italien bestens gefüllt, besonderes Augenmerk legt man auch auf die vielen Likörsorten der Gegend, Vino Santo und Grappa.

SPEZIALITÄTEN

3

PISONI

Destillerie, Weingut, Spezialitäten

ADRESSE:
Via San Siro 7 | Loc. Pergolese
38070 Lasino (TN)
+39 0461 56 32 16
www.pisoni.it

ÖFFNUNGSZEITEN:
Mo-Sa 9-12.30 und 15-19 Uhr

▌ BETRIEB

Pisoni ist ein Familienbetrieb – Geschwister und Cousins arbeiten
zusammen. Der eine kümmert sich um die Destillerie, der andere um
den Wein, alle helfen zusammen. Und alle stehen dafür, hochwertige
Erzeugnisse in biologischer Qualität herzustellen, schon seit vielen
Jahren. Wir leben doch hier auf dem Hof, meint Marco Pisoni. Man
kann sich umsehen, Hof und Brennerei besichtigen, probieren und im
hübschen Laden allerlei erwerben. Auf Vorbestellung gibt es Degustationen für Gruppen.

▌ PRODUKTE

Die Familie Pisoni baut auf 16 Hektar Wein an. Es gibt ausgezeichnete Spumante und Weine, inzwischen sind sie alle bio-zertifiziert,
gleichzeitig in namhaften Führern hoch prämiert. Große Aufmerksamkeit wird heimischen Rebsorten wie Nosiola oder Rebo, aber auch
dem Vino Santo, dem edlen Trentiner Dessertwein, gewidmet. Wird
Wein gekeltert, fällt Trester an, und hier wird daraus exzellenter Grappa gebrannt. Der darf zum Teil in Holzfässern reifen, er dient aber
auch als Basis hervorragender Liköre. Zur Verdauung gibt es Grappe
mit Kräutern wie Enzian oder Wacholder. Eine weitere Spezialität der
Pisonis ist der Reinsortengrappa aus den heimischen Reben Nosiola
oder Marzemino.

SPEZIALITÄTEN

TROTICOLTURA ARMANINI

4

Fische, Fischzubereitungen

ADRESSE:
Via Linfano 39
38062 Arco (TN)
+39 0464 50 52 24
www.armanini.it

ÖFFNUNGSZEITEN:
Mo-Fr 9-12 / 14.30-17 Uhr
Sa 9-12 Uhr

BETRIEB

Von klarem Gebirgswasser werden die Zuchtteiche von Armanini gespeist. Der Familienbetrieb wurde 1963 gegründet und feierte 2013 sein 50jähriges Bestehen. Hauptsitz des Betriebes ist in Storo, dort gibt es auch ein Bistro und vor allem eine schöne Sportangelanlage. Aber auch im Valle dei Laghi bei Arco liegen die Fischteiche und ein weiteres Geschäft, wo die Fische und die zahlreichen edlen Fischzubereitungen gekauft werden können.

PRODUKTE

Forellen, Lachsforellen und Saiblinge werden in den Teichen gezüchtet. Sie erhalten neben dem klaren Gebirgswasser bestes Futter, haben viel Platz und dürfen langsam wachsen – so werden sie zur Delikatesse. Die Zubereitungen sind hervorragend und nur aus den eigenen Fischen respektive direkt von der Kooperative bezogenen Gardasee-Fischen: Fischfond und –suppe, marinierte und gebeizte Fische, Fischsughi, Pasta mit Fischfüllung, Fischsalate. Es gibt Kaviar von Forellen und Saiblingen und einen sagenhaften „Speck di Trota" – mit Trentiner Wildkräutern kalt geräucherte Lachsforelle. Geräuchert wird mit Biogewürzen und Holzspänen aus den hiesigen Wäldern. Sportangler können in Storo ihrem Hobby nachgehen, außerdem werden Führungen und Degustationen angeboten.

VENETO

Von den Bergen bis zur Riviera degli Ulivi:
Hier beginnt der Süden.

Olivenhaine, Weinlandschaft und Fischerhäfen

Das Ostufer des Gardasees gehört zur Provinz Verona und die wiederum zum Veneto – Venetien. Verona hatte klug entschieden, an den Macht-kämpfen der einst mächtigen Städte Mantua und Mailand nicht mehr teilzuhaben und sich in den Schutz Venedigs zu stellen. Es erlebte so als Handelsstützpunkt, als Drehscheibe des Warenaustausches zwischen Nord und Süd Jahrhunderte wirtschaftlicher Prosperität.

Die Lagunenstadt hat auch in der Küche des Gardasee-Ostufers ihre Spuren hinterlassen. Dort findet man z.B. Sarde in saor, gebratene Sardi-nen (aus dem See!) in Zwiebelmarinade oder Risotti aller Arten aus den Reissorten Vialone Nano oder Carnaroli, die im bereits flachen Land südlich von Verona, wo die Berge plötzlich aufhören und die Po-Ebene beginnt, angebaut werden.

Die Provinz Verona war bis zu den italienischen Befreiungskämpfen ös-terreichisch. Und so findet man Kren zum Bollito misto, dem Siedefleisch (beide kennt man aus der Wiener Küche) und so manchmal steht Scalop-pina, Schnitzel, auf der Speisekarte, paniert wie in einem Wiener Beisl (oder waren es doch die Mailänder, die es erfunden haben?).

Die Orte entlang des östlichen Gardasee-Ufers, dort, wo sich der Monte Baldo erhebt, waren vor dem Bau der Uferstraße Gardesana recht weit vom Rest der Welt entfernt. Hier spielen bis heute die Fische aus dem Gardasee eine große Rolle in der Küche: mariniert als Antipasti, inzwi-

schen oft auch roh, als Carpaccio oder Tartar, als Sugo zu Nudeln, in Form von Risotto alla Tinca oder als Hauptspeise meist gegrillt. Am Ufer und soweit es geht den Berg hinauf wachsen die Olivenbäume der Riviera degli Ulivi. Ab Torri del Benaco, benannt nach dem alten Namen des Gardasees, werden die Ausläufer des Baldo niedriger, das Hinterland bietet nicht nur den Oliven, sondern auch den Weinreben beste Wachstumsbedingungen. Nach dem kleinen Städtchen Bardolino ist ein Wein benannt, der früher leider als billiger Massenwein auf den Markt gelangte. Doch seit geraumer Zeit arbeiten engagierte Winzerinnen und Winzer an seinem Ruf, vinifizieren fruchtige, nussige Rotweine, ohne seinen Charakter zu verfälschen. Bardolino, so die Meinung vieler, soll ein leichter Wein sein, der damit bestens zur Gardasee-Küche passt. Das gilt auch für seinen „jüngeren Bruder" Chiaretto, einen Roséwein, den es inzwischen auch in der spritzigen Variante als Chiaretto Spumante gibt. Dicht und schwer hingegen ist der Amarone, der bekannte Wein aus dem Valpolicella, das auf der anderen Seite der Etsch beginnt und sich nördlich von Verona in die Berge hinein zieht. Die Wurzeln des Amarone liegen im Süßwein Recioto, der wie der Amarone aus angetrockneten Trauben gewonnen wird. Werden die Trauben, vornehmlich der Sorte Corvina, frisch gekeltert, entsteht Valpolicella Classico oder Superiore. Lässt man wiederum diesen Wein noch ein wenig auf den Pressrückständen des Amarone nachgären, erhält man den bemerkenswerten „kleinen Amarone", den Ripasso.

Doch auch Liebhaber von Weißwein werden hier glücklich, z.B. im nahen Custoza. Dort entsteht aus der Rebsorte Garganega ein zarter, charmanter Weißwein, der völlig zu Unrecht unterschätzt wird. Zu den berühmten Tortelli di Valeggio, den gefüllten Nudelkringeln, deren Vorbild der Bauchnabel der Venus gewesen sein soll, passen die Weine allesamt.

ZUTATEN FÜR 8 PERSONEN

FÜR DIE FISCHSALATE: Sud für etwa 1 kg Fisch: 1 EL Salz, 1 EL Zitronensaft, etwas Suppengrün, 1 Schalotte, 1 Lorbeerblatt, 1 TL weiße Pfefferkörner, 1 Glas Weißwein.

Marinade: ¼ l Olivenöl, 0,1 l Weißwein, 1 EL Zitronensaft, Salz, Pfeffer.

Salat von der Schleie: 500 g Schleie, 1-2 Stangen Bleichsellerie, 200 g Kirschtomaten,

Forellensalat mit Kapern: 1-2 Forellen, ausgenommen, 3 EL Kapern in Essig

MARINIERTE LACHSFORELLE: 2 Lachsforellenfilets mit Haut, 1 TL Zucker, Zitronenzesten, 1 TL Salz, 4 EL Mohn, Olivenöl vom Gardasee

ANTIPASTI VOM GARDASEEFISCH
Salat von der Schleie – Forellensalat mit Kapern – Marinierte Lachsforelle mit Mohn

Diese Antipasti haben wir im Corte San Marco in Pai bekommen. Hier bringt der Fischer täglich frischen Gardaseefisch, der nicht nur gegrillt als Hauptspeise auf den Tisch kommt, sondern auch zu feinen Soßen zur Pasta verarbeitet wird – und zu nachahmenswerten Antipasti.

SCHLEIEN- UND FORELLENSALAT

1 Zunächst den Sud herstellen. Dazu ½ Liter Wasser mit den angegebenen Zutaten einmal aufkochen, dann 30 Minuten ziehen lassen.

2 Den Fisch einlegen und 12-15 Minuten garziehen lassen. Herausheben und am besten noch warm von Haut und Gräten befreien. Die Fischstücke in eine passende Form geben.

3 Für den Forellen-Kapern-Salat: Die Forellenstücke mit einem Teil der Marinade übergießen, Kapern und etwas gehackte Petersilie unterheben. Im Kühlschrank mindestens 2 Stunden durchziehen lassen.

4 Für den Schleien-Salat: Mit der Schleie ebenso verfahren, wie oben beschrieben. 1-2 Bleichselleriestangen in feine Scheiben schneiden und dazu geben. Durchziehen lassen. Mit Kirschtomaten garnieren.

MARINIERTE LACHSFORELLE MIT MOHN

1 Die Fischfilets mit Zucker und Salz einreiben, Zitronenzesten darüber verteilen.

2 Die Filets mit der Haut jeweils außen aufeinanderlegen und in eine Form geben. Mit einem Gewicht beschweren und so 24-36 Stunden im Kühlschrank marinieren lassen, dabei ein, zwei Mal wenden.

3 Mohn in einer Pfanne vorsichtig anrösten.

4 Filets in schmale Tranchen schneiden und mit dem Mohn bestreuen. Wer mag, gibt etwas Olivenöl darüber.

VENETO
RESTAURANTS

15 TAVERNA DEL CAPITANO

Charmante Fischertaverne als Familienbetrieb

PLÄTZE | *70 Innen bzw. auf der verglasten Veranda*
LAGE | *Direkt am Hafen von Porto di Brenzone*
PREISNIVEAU | *Antipasti um 10 €, Primi um 8 €, Secondi um 15 €, Dolci 5 €,*
Weine ab 12 €

ADRESSE | *Taverna del Capitano, Via Lungolago 8, 37010 Porto di Brenzone*
(VR), +39 045 743 07 02

RUHETAG | *Dienstag; im Sommer keiner*
BETRIEBSFERIEN | *Nov. bis 8.12. Dann bis Ostern nur am Wochenende geöffnet*

AMBIENTE

1960 von den Eltern eröffnet, führen Lino und Lucia das Lokal. Ein bisschen fühlt man sich in eine Zeit zurück versetzt, als der Tourismus am Gardasee erst anfing, denn direkt am See zu solch erschwinglichen Preisen eine derart feine und dabei bodenständige Küche zu finden, ist selten. Man sitzt vor Wind geschützt innen, oder auf der inzwischen verglasten Veranda mit einem herrlichen Blick auf den See und das gegenüberliegende Ufer.

KÜCHE & KELLER

Die Fische stammen vom Cousin, die Rezepte von der Nonna. Man sollte sich auf gar keinen Fall den großen Antipasti-Teller entgehen lassen: Eingelegte, marinierte oder gebratene Fische tummeln sich dort, verstecken sich unter mürben Zwiebelringen. Unvergesslich sind »Sisam« mit geschmorten Gemüsezwiebeln oder die feinen Polpettine in einer pikanten Tomatensoße. Wer stattdessen Primi bevorzugt, dem seien die Bigoli mit würzigen Gardasee-Sardinen oder die legendäre Fischsuppe empfohlen. Delikat und vor allem saftig sind die Gardaseefische vom Grill, gelungen das »Fritto Misto«, das zudem mit frischem Salat serviert wird. Es gibt aber auch Fleischgerichte auf der Karte, die in der Präzision der Zubereitung dem Fisch nicht nachstehen. Wer dann den Wunsch nach einem Verdauungsschnaps hat, der sollte nach Lucias Grappe (mit Oliven, Hagebutte, Minze....) fragen.

TIPPS & INFORMATIONEN
....

Wer den Olivengrappa selber machen will: Eine Handvoll schwarze reife Oliven in eine Flasche füllen, dann etwa 1-2 EL Zucker dazu geben. Mit Grappa übergießen und 4 Wochen ziehen lassen. Schmeckt würzig und gar nicht so „schlimm", wie es sich anhören mag. Lino sagt: Zum Verdauen helfen etwas Alkohol, Bitterstoffe und ein wenig Fett. Das alles bietet Olivengrappa.

16 TRATTORIA SARSISSA

Fischers Stammkneipe

PLÄTZE | *60 Innen, 40 Terrasse/Garten*

LAGE | *An der Piazza im historischen Ortskern*

PREISNIVEAU | *Antipasti um 7,50 €, Primi um 8 €, Secondi um 9 €, Dolci 4 €, Weine ab 7 €*

ADRESSE | *Trattoria Sarsissa, Piazza Olivo, 37010 Castelletto di Brenzone (VR), +39 045 743 04 02*

RUHETAG | *keiner*
BETRIEBSFERIEN | *Von Oktober bis Ostern*

AMBIENTE

Die kleine Piazza Olivo dürfte zu einem der malerischsten Geheimtipps am Ostufer gehören. Der kurze, aber steile Aufstieg von der Gardesana hoch lohnt sich auch ohne Hunger. Häuser im venezianischen Stil, Bougainvilleen und natürlich der Olivenbaum sind die Kulisse für die hübschen Tische vor der Trattoria Sarsissa. Drinnen historische Gewölbe, urige Holztische, dafür an den Wänden moderne Bilder der Künstlerin Amaranta De Francisco. Der Service ist ausgesprochen herzlich.

KÜCHE & KELLER

Sarsissa ist eine einfache Trattoria mit schlichten Gerichten wie Schinken und Melone oder Polenta mit Fisch als Vorspeise. Dann gibt es viele Nudelgerichte, die besten mit Sugo aus Gardasee-Fischen. Die Tagliatelle sind hausgemacht. Die Fleischgerichte sind korrekt, aber schlicht. Genießer werden mit den perfekt zubereiteten Gardasee-Fischen glücklich, denn der Lavarello vom Grill war zart, saftig und frisch – genauso, wie er gehört. Kein Wunder, dass Lauro, der Fischer in Castelletto, der gegenüber der Trattoria seinen Laden hat, hier Stammgast ist. Der offene Wein befriedigt nur sehr Anspruchslose, bestellen Sie sich lieber eine Flasche „besseren" Wein, der wird ab 14 Euro angeboten. Schokoladenfans werden mit der Schokocreme auf knusprigem Keks glücklich gemacht.

TIPPS & INFORMATIONEN

Schräg gegenüber der Trattoria ist der Laden des Fischers Lauro Boschelli. Dort gibt es jeden Vormittag frischen Fisch aus dem Gardasee, eben was der Tagesfang hergibt. Fast immer sind Renken (Lavarello) dabei, manchmal auch Tinca (Schleie) oder Sarde di Lago, die berühmten Gardasee-Sardinen, die man auch eingesalzen erhält. Täglich von 9 bis 12 Uhr geöffnet. Die Telefonnummer: +39 045 743 00 23

17 DA UMBERTO

Direkt am Hafen zum phantastischen Panorama feine Fisch-gerichte genießen

PLÄTZE | *60 Innen, 80 auf der verglasten Terrasse*
LAGE | *Direkt am Hafen von Castelletto di Brenzone*
PREISNIVEAU | *Antipasti um 12 €, Primi um 13 €, Secondi um 15 €, Dolci 8 €, Weine ab 22 €*

ADRESSE | *Ristorante da Umberto, Via Imbarcadero 15, 37010 Castelletto di Brenzone (VR), +39 045 743 03 88, www.daumberto.it*

RUHETAG | *Mittwoch, im Sommer keiner*
BETRIEBSFERIEN | *14. Dezember-13. Februar, dann Fr/Sa/So geöffnet*

AMBIENTE

Der verglaste Pavillon direkt am See wurde in diesem Winter frisch renoviert und erstrahlt im neuen Glanz. Im 1963 eröffneten Lokal sitzt man sehr gemütlich. Der Blick auf das gegenüberliegende Ufer ist atemberaubend, das geschäftige Hin und Her im kleinen Hafen ist immer ein Hingucker. Vater Modena erzählt gerne von den Anfängen des Tourismus am Gardasee und den ersten deutschen Gästen gegen Ende der 1950er Jahre; mittlerweile führt die nächste Generation das Restaurant.

KÜCHE & KELLER

Fisch aus dem See, aus dem Meer, aber auch Fleisch werden jeweils als Degustationsmenü angeboten (rund 40 € ohne Getränke). Der fangfrische Gardaseefisch kommt als Vorspeise mit Hecht, Blaufelchen und Barsch auf den Teller, Gardasee-Sardinen mit Bigoli und Felchen vom Grill sind es wert, probiert zu werden, die Meeresfisch-Antipasti sind köstlich, ebenso wie die Spaghetti mit Krustentieren oder der saftige Wolfsbarsch vom Grill. Rind oder Lamm werden ebenfalls auf Holzkohle gegrillt. Jahreszeitlich ausgerichtet gibt es wechselnde Menüs mit feinen, geschmacksintensiven Kreationen. Alles ist frisch, hausgemacht und mit Liebe serviert. Die Weine stammen aus den Weißweingebieten des Gardasees, der Lugana von Provenza oder Ca' dei Frati passt auch zu den Fleischgerichten.

TIPPS & INFORMATIONEN

Wer die Fische des Gardasees besonders gern mag, kann gegenüber des Hafenbeckens bei Livio Parisi und seiner Frau Rosaria einkehren. Hier wird ausschließlich frischer Gardaseefisch serviert. Es gibt im Al Porto nur ein Fischmenü, jeden Abend ein wenig anders, dazu hervorragende Weine. Wer gerne selber kocht: Livio hat mehrere Kochbücher verfasst, die man im Restaurant auch erwerben kann.

18 LOCANDA SAN MARCO

Frischester Fisch und italienisches Leben mitten auf einer versteckten Piazza

PLÄTZE | *80 Innen, 60 Terrasse/Garten*

LAGE | *Am Hauptplatz von Pai di Sopra*

PREISNIVEAU | *Antipasti um 9 €, Primi um 8 €, Secondi um 13 €, Dolci 4 €, Weine ab 8 €*

ADRESSE | *Locanda San Marco, Piazza San Marco 22, 37010 Pai di Sopra, +39 045 726 00 04, www.locandasanmarco.it*

RUHETAG | *Im Sommer keiner. Oktober bis Ostern Mittwoch*

BETRIEBSFERIEN | *Februar*

AMBIENTE

Man sitzt mitten auf der verkehrsberuhigten Piazza wie in einem Frei-luft-Wohnzimmer und schaut italienischem Leben zu. Hier kennen sich Einheimische und Touristen, viele sind Stammgäste. Drinnen findet man eine Ebene höher einen hübschen Speisesaal mit Panoramafenstern mit Blick auf den Gardasee, der sich malerisch hinter den Dächern erstreckt. Von der Piazza aus betritt man das Lokal durch eine Bar – hier kann man also auch genießerisch einen Aperitivo trinken. Am Abend sollte man auf jeden Fall reservieren!

KÜCHE & KELLER

Gigi Aloisi ist ein Koch mit Leidenschaft und Ideen. Und außerdem pflegt er beste Beziehungen zum Fischer in Pai. Der bringt ihm ganz früh morgens den ersten Fisch, frischer geht es also kaum. Daraus zaubert Gigi hausgemachte Ravioli mit Lavarello-Füllung oder Tagliatelle mit einem dichten und zugleich zarten Fischsugo. Genauso gekonnt bereitet er allerlei Antipasti wie Forellensalat oder er grillt sie sorgsam. Es gibt daneben viel Gemüse und Salate und freilich auch Fleischgerichte. Und für den kleinen Hunger mit frischen Zutaten belegte Flammkuchen. Dies alles und die feinen Desserts wie Tiramisù mit Erdbeeren oder Kaffee-Vanille-Sorbet werden von seiner herzlichen Schwester Linda serviert. Es gibt einige Flaschenweine der Region, aber auch einen schönen Offenen aus dem Veneto.

TIPPS & INFORMATIONEN

Sportliche können zu Fuß gleich hinter der Piazza los laufen. Ziel könnte der Agriturismo Scriciol hoch über Pai in San Zeno di Montagna sein. Dort gibt es hausgemachte Salami und Speck, Käse vom Monte Baldo und dazu guten Wein und einen unbezahlbaren Blick auf den See. Wer nicht laufen will, erreicht den Agriturismo auch mit dem Auto. Er hat im Sommer täglich geöffnet, im Winter ist er geschlossen. www.agriturismoscriciol.it

19 TRATTORIA LONCRINO

Ein Traum von einem Familienbetrieb mit Blick über die Dächer von Torri del Benaco

PLÄTZE | *40 Innen, 60 Terrasse/Garten*
LAGE | *Von Torri Richtung Albisano, beschildert.*
PREISNIVEAU | *Antipasti um 8 €, Primi um 7 €, Secondi um 10 €, Dolci 5 €, Weine ab 7 €/l*

ADRESSE | *Trattoria Loncrino, Via Pirandello 10, Loc. Loncrino, 37010 Torri del Benaco (VR), +39 045 629 00 18, Trattoria.loncrino@gmail.com*

RUHETAG | *Im Sommer keiner, sonst Mittwoch Im Winter Fr-So geöffnet*
BETRIEBSFERIEN | *Ganzjährig geöffnet*

AMBIENTE

Traumblick über die Dächer von Torri del Benaco und natürlich über den See bis zu den Bergen gegenüber. Die Trattoria ist ganz sicher Anwärterin für den „schönsten Platz am Gardasee", vor allem, wenn man bei schönem Wetter draußen sitzt. Aber auch drinnen ist es gemütlich, wenn man bei schlechterem Wetter den Wolken zusehen kann, wie sie über den See jagen. Ein Teil der Terrasse wird in der kühleren Jahreszeit geschützt und beheizt.

KÜCHE & KELLER

War man einmal dort und hat die Möglichkeit, wieder zu kommen, wird man Stammgast. Denn die Küche von Fiorella ist kreativ, akkurat und liebevoll. Die bescheidene Frau lächelt: Der Sternekoch Isidoro Consolini meinte, ihr Vitello Tonnato sei das beste überhaupt. Aber auch ihre Vorspeisen vom Gardaseefisch oder Meer, die hausgemachte Salami, die Trüffelgnocchi mit Trüffeln, die Sohn Omar auf dem Monte Baldo mit seinem Onkel zusammen findet, sind genial. Die Kräuter für die Tortellini mit Erba Amara werden auch an den Hängen des Baldo selbst gesammelt. Jeden Morgen grillt sie das Gemüse für die Gemüsebeilage frisch. Gewürzt wird mit Olivenöl aus Torri. Der gute Hauswein kommt von Monte del Fra in Custoza, die Weinkarte ist sorgsam zusammen gestellt. Begrüßt wird man mit einem Glas Frizzante und immer einem Lächeln! Also: hingehen und genießen!

TIPPS & INFORMATIONEN

Erba Amara bedeutet „bitteres Kraut". Damit werden Tortellini gefüllt, salzige Torten gebacken , Risotto und Gnocchi gewürzt, sogar Getränke aromatisiert und Bier gebraut. Es ist ein Wildkraut mit vielen Namen und Varianten, es schmeckt leicht bitter und ein wenig minzeartig. In Castel Goffredo im Süden des Gardasees ist ihm ein kulinarisches Fest gewidmet. Im Agribirrificio Luppolaio, einer kleinen Familienbrauerei, wird damit sogar Bier gewürzt. www.luppolajo.it

20 # TAVERNA KUS
Slow Food hoch über dem Gardasee

PLÄTZE | *60 Innen, 30 Terrasse/Garten*
LAGE | *Am nördlichen Ortsausgang von San Zeno, beschildert*
PREISNIVEAU | *Antipasti um 11 €, Primi um 12 €, Secondi um 16 €, Dolci 6 €,*
Weine ab 18 €, Glas 3 €, Monatsmenü 35 €

ADRESSE | *Taverna Kus, Contrada Castello 14, 37010 San Zeno di Montagna*
(VR), +39 045 728 56 67, www.tavernakus.it

RUHETAG | *Montag, Dienstag, im Sommer keiner*
BETRIEBSFERIEN | *Januar*

AMBIENTE

Die Fahrt lohnt sich schon alleine wegen der spektakulären Blicke auf den See und die Berge. Und oben, im Garten, auf der schönen Veranda oder einem der liebevoll dekorierten Gasträume mit Natursteingewölbe, fühlt man sich einfach wohl. Der Service ist ausgesprochen freundlich. Lassen Sie sich den Weinkeller zeigen – er befindet sich in einem ehemaligen Eiskeller, wo man in Zeiten, als es noch keine Kühlschränke gab, Eis lagerte.

KÜCHE & KELLER

Bereits der Gruß aus der Küche lässt die perfekte Vermählung von Bodenständigkeit und Kreativität erahnen: Wir bekamen eine würzigedle Creme aus Borlotti-Bohnen, gekrönt von einer hauchdünnen Scheibe hausgemachter Salami. Wegen der Salami und vielen anderen Spezialitäten des Hauses weilt Giancarlo Zanolli in den »Ferien« auch nicht in der Karibik, sondern macht Salami, legt Gemüse ein, besucht Produzenten. Gekocht wird nach Jahreszeit - jeder Monat hat einen Protagonisten, Spargel im April, Wildkräuter im Mai, Gardaseefische im Juli und Castagne di San Zeno, die Esskastanien vom Monte Baldo, im Herbst. Eigentlich wäre es schön, jeden Monat einmal zu kommen und die Spezialitäten der Jahreszeiten zu genießen. Die Weinkarte ist opulent und schön, dass man jeweils passende Weine glasweise angeboten bekommt.

TIPPS & INFORMATIONEN

Am Monte Baldo gibt es im Sommer nicht nur die Blumen des Baldo zu entdecken, sondern auch Bergbauernhöfe, die nur in der schönen Jahreszeit bewirtschaftet werden. Einer davon ist Baito dei Santi, ein wenig weiter bergauf gelegen. Dort bekommt man eine ordentliche Brotzeit, Käse und einen guten Schluck Wein. Den Käse kann man kaufen. Im Winter ist die Bergkäserei geschlossen.

21 LE RASOLE

Ein Familiengasthof für Familien

PLÄTZE | *50+50 Innen, 50 Terrasse/Garten*
LAGE | *Unterhalb der Rocca von Garda*
PREISNIVEAU | *Antipasti um 6 €, Primi um 7 €, Secondi um 9 €, Dolci 4 €,*
Weine ab 10 €, günstige Kindergerichte um 5 €

ADRESSE | *Ristorante Le Rasole, Via San Bernardo 151, 37016 Garda (VR),*
+39 045 725 56 86, www.lerasole.it

RUHETAG | *Dienstag*
BETRIEBSFERIEN | *Dezember bis Februar*

AMBIENTE

Im Hinterland von Garda, unterhalb der Rocca, befindet sich der Familienbetrieb mit herrlichem Blick ins Grüne. Lassen Sie sich von der etwas in die Jahre gekommenen Inneneinrichtung nicht abschrecken. Der alte Teil des Gebäudes wurde durch eine lichtdurchflutete verglaste Veranda erweitert. Draußen auf der geräumigen Terrasse mit vielen Blumen sitzt es sich schön und die Kinder können auf der großen Wiese nebenan herumtollen, bis das Essen kommt.

KÜCHE & KELLER

Seit nunmehr 38 Jahren betreibt die Familie Moratti den Landgasthof. Es kocht die Mutter Maria, vor allem aber Michele, der Onkel, erzählt Claudio, der den Familienbetrieb weiter führt. Es gibt traditionelle Küche zu vernünftigen Preisen, die Pasta ist hausgemacht, etwa die Bigoli mit Hasenragout, die Fettuccine mit Pilzen oder die Strangolapreti. Spezialität sind Fisch und Fleisch vom Grill, als Beilage gibt es gegrilltes Gemüse und frische Salate. Die Pommes hätte es eigentlich nicht gebraucht, aber die frittierten Zucchinistückchen waren fein. Die Weinkarte könnte etwas liebevoller zusammengestellt sein, aber der Hauswein ist anständig und günstig. Die hausgemachten Desserts sind besonders zu erwähnen. Wir hatten eine legendäre Panna Cotta mit weißer Schokolade und Passionsfrucht.

TIPPS & INFORMATIONEN

Hier mal etwas zum Lachen. Wir öffnen die Speisekarte, finden dort zunächst, dass „Fettuccine" mit „Tagliatelle" ins Deutsche übertragen wurde. Aha. Doch die oben erwähnte weiße Panna Cotta erfreute noch mehr. Sie stand auf Italienisch mit „Panna Cotta al Cioccolato Biondo" im Menü. Auf Deutsch: Panna Cotta mit Blondine. Wirklich! Der Ober sieht uns lachen, kommt ebenfalls lachend hinzu und sagt: Wir wissen es inzwischen, aber wir lassen es so. Die Leute freuen sich alle.

22 # GARDA NATURA

Kleines Paradies im Grünen – Frische aus dem Garten direkt auf den Tisch

PLÄTZE | *40 Innen, 30 Terrasse/Garten*

LAGE | *In Marciaga beschildert*

PREISNIVEAU | *Probierteller von 4 - 15 €, Primi 5-7 €, Dolci 4 €, die eigenen Weine 2 € das Glas, 8,50 € die Flasche, Obstsaft 2,50 €*

ADRESSE | *Azienda Agricola Garda Natura, Via della Valletta/Montarion 25, Loc. Marciaga, 37010 Costermano (VR), +39 045 627 07 87 www.gardanatura.it*

RUHETAG | *Keiner, täglich geöffnet von 10-20.30 durchgehend!*

BETRIEBSFERIEN | *November bis März*

AMBIENTE

Hier hat sich die Familie Lorenzini ein kleines Paradies geschaffen. Im Grünen, inmitten der eigenen Felder, baut sie Obst, Gemüse und Wein an und hält Hühner. Die jeweiligen Gartenteile sind mit schönen Schildern geschmückt. „Isola del Pollaio" steht am Hühnerstall, „Isola del Kiwi" auf einem anderen. Außerdem gibt es eine lichtdurchflutete Probier- und Gaststube.

KÜCHE & KELLER

Die Speisekarte ist kurz und schlicht. Es gibt das, was der riesige Garten hergibt, dazu hausgemachte Wurst, etwas Fleisch, aber vor allem frisches Gemüse, Obst und Kräuter. Alles kommt direkt aus dem Garten und wird zu Aufstrichen, Pesto, Suppen und verschiedenen Soßen verarbeitet. Es gibt zum Beispiel Salamiteller mit eingelegtem Gemüse oder Rührei mit Bergkäse und Kräutern, warme Bruschette mit frischen Tomaten oder verschiedene Käsesorten mit hausgemachten Marmeladen. Als Primi bekommt man Spaghetti oder Brotnocken mit verschiedenen Soßen. Zum Dessert Kuchen und Kekse mit hausgemachten Marmeladen oder Obstsalat aus gartenfrischen Früchten. Auf 4000 qm wird Wein angebaut, der wirklich ganz hervorragend schmeckt. Pfiffig auch die Idee der Öffnungszeiten, denn es gibt tagsüber durchgehend etwas zu essen.

TIPPS & INFORMATIONEN

Der kleine Restaurantbetrieb schließt, wenn nichts mehr im Garten wächst, aber die Produkte, die die Familie Lorenzini herstellt, kann man auch im Winter erwerben. 347 680 78 81 ist die Handynummer von Graziano. Die Familie wohnt ganz in der Nähe und öffnet den kleinen Laden für Sie. Es gibt bestes Olivenöl, aromatisierte Kräuteröle, Balsamico, Weine und hausgemachte Marmeladen, zum Beispiel eine sehr köstliche aus Kirschen, Erdbeeren und (!) Karotten.

23 # AI BEATI

Traumblick über den See und eine kreative Küche

PLÄTZE | *80 Innen, 80 Terrasse/Garten*
LAGE | *Von Garda Richtung Costermano ist Ai Beati ausgeschildert*
PREISNIVEAU | *Antipasti um 18 €, Primi um 18 €, Secondi um 25 €, Dolci 10 €, Weine ab 20 €*

ADRESSE | *Ai Beati, Via Val Mora, 57/59, 37016 Garda (VR), +39 045 7 25 57 80, www.ristoranteaibeati.com*

RUHETAG | *Dienstag*
BETRIEBSFERIEN | *10 Tage im November*

AMBIENTE

Es sei der romantischste Ort am Gardasee, sagen viele. Opulent gedeckte Tische mit feinem Porzellan, schöne Gläser, Vorhänge, Leuchter, Tische, Stühle in edlem Ecru mit ein wenig Shabby-Schick dazu schaffen Wohlfühlatmosphäre. Sensationell der Blick auf Garda und den See von der großen Terrasse. Ein Sommernachtstraum.

KÜCHE & KELLER

Steinpilzflan auf Bagoss-Creme, Kaninchenrücken in Pistazienkruste oder Gamberoni auf frittierten Artischocken läuten das Menü ein. Grüne Ravioli mit Seeteufel und Krustentieren, Kürbisgnocchi mit geräuchertem Ricotta oder Bigoli mit Oliven vom Gardasee sind harmonisch gewürzt. Zart ist die gefüllte Kaninchenkeule mit Zwiebeltörtchen oder das Lamm-Confit mit Büffelmozzarella. Die Soßen sind kreativ und würzig, etwas phantasielos fanden wir die Beilagen (Salat oder Gemüse). Bei den Dolci allerdings legt die Küche wieder zu: Schokoladentörtchen oder gefüllte Früchte, beides mit sehr feinem hausgemachten Eis. Auf der Weinkarte findet man bekannte Namen aus ganz Italien, Champagner aus Frankreich, Franciacorta in reichlicher Auswahl sowie Weine des Gardaseegebiets von Rang und Namen. Bei aller Zufriedenheit muss man sich vorher im Klaren sein, dass man das phantastische Ambiente ein wenig mitbezahlt.

TIPPS & INFORMATIONEN

Im Ai Beati gibt es immer mal wieder Veranstaltungen, Verkostungen und ähnliches. Etwa eine Champagner-Degustation mit dazu passendem Menü (dies zum Beispiel kostet freundliche 55 Euro pro Person) oder die Präsentation eines hiesigen oder französischen Weinguts. Auch Familienfeiern oder Hochzeiten werden dort ausgerichtet. Liebevoll zum Anlass passend eingedeckte Tische, ein Gartenpavillon für den Aperitif und ein eigens kreiertes Menü machen das Fest perfekt.

24 AL VECCHIO FORNO

Urige Gewölbe mit feiner Küche

PLÄTZE | *60 Innen*
LAGE | *Mitten in Pazzon*
PREISNIVEAU | *Antipasti um 18 €, Primi um 18 €, Secondi um 25 €,
Dolci 10 €, Weine ab 20 €*

ADRESSE | *Al Vecchio Forno, Piazza Don G. Roncari 19, Loc. Pazzon,
37013 Caprino Veronese (VR), +39 045 625 0027, www.alvecchioforno.it*

RUHETAG | *Mo und Di Mittag, von Okt. - Ostern So Abend auf Reservierung*
BETRIEBSFERIEN | *variabel*

AMBIENTE

Alte Häuser und verwinkelte Gassen findet man im kleinen Örtchen Pazzon. Und mitten im Ort muss man eigentlich nur der Nase nachgehen. Es duftete nach konzentrierten Soßen, nach Braten … . Betritt man das schöne Restaurant, steht man im herrlichen alten Gewölbe, wird freundlich begrüßt und bewundert die alten Möbel und die schön eingedeckten Tische.

KÜCHE & KELLER

Hausgebackenes, noch warmes Brot begleitet das Angusrind-Tartar, das zur Vorspeise gereicht wird, im Herbst und Winter gibt es Trüffel vom Monte Baldo, zum Beispiel auf pochiertem Ei oder zu hausgemachten, duftigen Gnocchi. Mal ein ganz anderes Primo ist das Risotto mit dunklem Bier und Lauch. Bigoli oder Tagliatelle gibt es mit Reh- oder Täubchensugo, Qual der Wahl, denn köstlich ist alles. Das Angusrind begegnet uns wieder bei den Hauptspeisen, als Tagliata oder Kotelett, sein Filet kommt zusammen mit dem vom Lamm und Hirsch in köstlicher Soße auf den Tisch, begleitet von frischem Gemüse der Saison. Man könnte sich auch für die Schweinebäckchen in Rotwein oder das Kaninchen entscheiden. Bei den Dolci sollte man die Variationen des Hauses wählen. Für jene, die lieber Käse mögen: Es gibt eine schöne Auswahl, ebenso wie beim Wein, bei dem die Weinbaugebiete der Gegend kenntnisreich bevorzugt werden.

TIPPS & INFORMATIONEN

Tartar wird hier selbstverständlich frisch „geschnitten" – es lohnt sich, dies zuhause auch einmal zu probieren. Es schmeckt tatsächlich anders als jenes, das durch den Fleischwolf gedreht wird. Man schneidet das Fleisch (Filet oder Roastbeef) zunächst in dünne Scheiben, dann nimmt man zwei sehr scharfe Messer und zieht sie gegeneinander. Ist das Tartar fertig, würzt man mit Fleur de Sel und bestem Olivenöl und serviert mit frischem Brot.

25 TRATTORIA CIMA 11

Nomen est Omen: In Porcino gibt's Pilze

PLÄTZE | *60 Innen, 40 auf der offenen Veranda, 12 Terrasse/Garten*

LAGE | *Etwas nördlich von Caprino, am Rand der Località Porcino*

PREISNIVEAU | *Antipasti 11 €, Primi um 9 €, Secondi um 10 €, Dolci 4 €, Weine ab 10 €*

ADRESSE | *Trattoria Cima 11, Loc. Porcino, 37013 Caprino Veronese (VR), +39 045 726 50 61*

RUHETAG | *Montag und Dienstagmittag*

BETRIEBSFERIEN | *10 Tage Anfang Januar*

AMBIENTE

Von außen ein wenig sehr schlicht, innen dafür sehr dekoriert, doch gemütlich. Der Blick rundum ist wunderschön. Das Cima 11 liegt in der schon recht bergigen Landschaft nördlich von Caprino, die von Wanderwegen und Bikepfaden durchzogen ist.

KÜCHE & KELLER

Porcini sind Steinpilze auf Italienisch und die gibt es hier als Vorspeise vom Grill, eingelegt, überbacken oder auch als duftenden Sugo zu hausgemachter Pasta. Doch auch alle anderen Pilze wie Morcheln im Frühjahr oder Pfifferlinge werden von den Schwestern Emilia und Margherita in der Küche zu Delikatessen verfeinert. Ab Sommer gesellen sich Trüffel vom Monte Baldo zu den Pilzen. Gekonnt zubereitete Fleischgerichte, darunter viel Wild, denn wir befinden uns ja auf der waldreichen Ostseite des Monte Baldo, werden von einem ganzen Wagen voll Gemüse begleitet. Vor allem abends und am Wochenende gesellt sich dazu ein Wagen mit Käse und einer mit Desserts. Sowohl die offenen Hausweine als auch die Auswahl an Flaschen aus dem Valpolicella, dem Etschtal und darüber hinaus sind lobenswert. Ein weiterer Pluspunkt ist das hauseigene exzellente Olivenöl, das auf jedem Tisch steht. Leider kann man es nicht kaufen und so muss man einfach immer wieder kommen.

TIPPS & INFORMATIONEN

Wir haben hier einen sehr feinen Lugana entdeckt. Er stammt von dem ganz neuen Weingut Don Lorenzo della Grillaia bei Sirmione im Süden des Sees. Es befindet sich an der Gardesana kurz vor dem Abzweig nach Sirmione. Ein Ausflug dorthin lohnt sich also doppelt: idealerweise morgens die hübsche Altstadt von Sirmione, dann das Weingut besuchen.

26 TRATTORIA EL BROL

Schöner Garten und feine Küche im entdeckenswerten Hinterland

PLÄTZE | *70 Innen, 40 Terrasse/Garten*

LAGE | *Mitten im kleinen Ort Castion*

PREISNIVEAU | *Antipasti um 8 €, Primi um 8 €, Secondi 10-17 €, Dolci 4 €, Weine ab 15 €*

ADRESSE | *Trattoria El Brol, Piazza Vittorio Veneto 7, 37010 Castion di Costermano (VR), +39 045 620 00 43, www.elbrol.com*

RUHETAG | *Mittwoch*

BETRIEBSFERIEN | *Zwei Wochen im November, sonst ganzjährig geöffnet*

AMBIENTE

Direkt am Hauptplatz des gemütlichen Ortes Castion befindet sich das stattliche, Ende des 19. Jahrhunderts erbaute Haus der Familie Castelletti. Drinnen befinden sich zwei kleine Räume und ein großer, sehr heller und schöner Anbau. Draußen auf der überdachten Terrasse schaut man in einen mit Zitronenbäumchen, Oliven und Rosmarin geschmückten sehr gepflegten Garten. Alles ist sehr gediegen und edel und man ist angenehm überrascht von den moderaten Preisen, wenn Paolo die Speisekarte bringt.

KÜCHE & KELLER

In der Küche des El Brol zaubert Vater Angelo mit Paolos Bruder Marco feine Gerichte, die hübsch dekoriert an den Tisch gelangen. Die Basis der Rezepte ist die Tradition der Gegend, doch etwas verfeinert, eleganter, leichter. Als Antipasti gibt es selbst eingelegtes Gemüse, Oliven und hausgemachte Wurst. Besonders die Sopressa war exzellent. Die Pasta ist selbstverständlich hausgemacht, ebenso wie die Soßen von Reh, Wildschwein oder Kaninchen. Die drei letzteren gibt es auch sorgsam zubereitet als Hauptgericht mit feinen Ofenkartoffeln, Salaten und Gemüsen der Saison. Auch für die Desserts sollte man Platz lassen. Es gibt frischen Obstsalat mit hausgemachtem Sorbet oder Schokoladentörtchen. Einzig die Weinauswahl ist etwas dürftig. Es könnten ruhig etwas spannendere Tropfen auf der Karte stehen.

TIPPS & INFORMATIONEN

Zitronenbäumchen sind auch am Gardasee im Winter drinnen. Sie vertragen Temperaturen unter 5 Grad plus auf die Dauer schon schlecht, leichten Frost nur ganz kurzzeitig. Trotzdem ist es auch in unseren Breiten falsch, Zitronenbäume zu früh einzuräumen. Beachten Sie den Rat der Gärtnerin: Sie mögen viel frische Luft, aber keinen starken Wind. Härten Sie die Pflanzen ab, aber übertreiben Sie es nicht. Sie mögen Sonne und Licht und ab und zu eine warme Dusche.

27 LOCANDA MOSCAL

Feine Küche am Fuß des Berges Moscal

PLÄTZE | *50 Innen, 50 Terrasse/Garten*

LAGE | *Im historischen Zentrum von Affi*

PREISNIVEAU | *Antipasti um 10 €, Primi um 10 €, Secondi um 15 €, Dolci 6 €, Weine ab 12 €*

ADRESSE | *Locanda Moscal, Via Pigna 1, 37019 Affi (VR), +39 045 626 03 09, www.moscal.it*

RUHETAG | *Montag*

BETRIEBSFERIEN | *November*

AMBIENTE

Mutter Nadia lacht. Denn Tochter Corinne liebt wie ihr Vater bunte Farben. Der Vater nämlich ist Leandro Luppi, Koch und Patron des Sterne-Lokals Vecchia Malcesine. Die Wände des alten Gemäuers sind also in tiefem Rot, Lila, Orange gestrichen, ein spannender Kontrast zu edlem Geschirr, schönen Tischen. Auf der großen überdachten Veranda verbringt man genießerische Sommerstunden am Fuß des Berges Moscal.

KÜCHE & KELLER

Man spürt die Sterne-Handschrift nicht an den Preisen, aber an der Qualität und der sorgsamen und technisch perfekten Zubereitung. Mittags gibt es immer ein „piatto unico", also eine Hauptspeise mit Beilage wie wir es gewöhnt sind, zur Auswahl immer auch eine vegetarische Variante. Figurbewusste können sich an einer großen Auswahl an „Insalatone" – großen Salatplatten – satt essen. Dazu aber gibt es mittags und erst recht abends kreative Gerichte, die die Veroneser Tradition nicht verleugnen, aber modern verfeinert, veredelt sind. Zum Beispiel Gnocchi mit Käse und Trüffeln vom Monte Baldo oder Risotto mit Taleggio und Pfifferlingen. Für die Rindfleischgerichte wird Fleisch der besten Rinderrassen Italiens gewählt, zum Gardaseefisch gesellt sich immer auch ein Gericht aus Meeresfisch, federleicht zubereitet. Man sollte Platz für die Sterne-Dolci lassen, ein Semifreddo di limone etwa.

TIPPS & INFORMATIONEN

Für die Weinkarte wählt Nadia immer die interessantesten Weine der Gegend aus – und sie wechselt durch. So kann man immer wieder hingehen und entdeckt jedes Mal erneut interessante Tropfen. Ganz in der Nähe befindet sich zum Beispiel das Bio-Weingut Le Fraghe von Matilde Poggi. Ihr Garganega Camporegno besteht ausschließlich aus dieser heimischen Traube und ist von bemerkenswerter Frische. Matilde spricht übrigens hervorragend Deutsch.

28 CA' ORSA

Slow Food mit Liebe zubereitet

PLÄTZE | *50 Innen, 40 Terrasse/Garten*

LAGE | *Von der Autobahnausfahrt Affi Richtung Cavaion*

PREISNIVEAU | *Antipasti um 7 €, Primi um 7 €, Secondi um 12 €, Dolci 4 €, Weine ab 11 €*

ADRESSE | *Ca' Orsa, Loc. Caorsa 7, 37010 Affi (VR), +39 045 723 50 39, www.caorsa.it*

RUHETAG | *Dienstag*

BETRIEBSFERIEN | *Ganzjährig geöffnet*

AMBIENTE

Hier ist man ganz weit weg vom Trubel des Gardasees und ebenso weit vom Centro Commerciale von Affi, obwohl sich die Località Ca' Orsa gleich daneben befindet. Man sitzt draußen auf einer pflanzenbewachsenen Terrasse gegenüber dem Lokal. Drinnen sorgen Farben und schöne alte Holzmöbel, gepaart mit ein bisschen moderner Frische, für Gemütlichkeit.

KÜCHE & KELLER

Liebhaber von Kutteln kommen hier auf ihre Kosten, es gibt sie als Antipasto, als Suppe oder geschmort mit Gemüse als Hauptspeise. Aber keine Angst, wer das Arme-Leute-Gericht auch exzellent zubereitet nicht mag, auf den warten Bigoli (hausgemachte Spaghetti) mit Entensugo, gleichfalls hausgemachte Tagliatelle mit Hühnerleber im Winter oder mit Gemüse im Sommer. Es gibt Ente, nach Bauernart gefüllt, Ossobuco oder zartes Kaninchen mit Polenta. In der kalten Jahreszeit genießt man Bollito (Siedfleisch-Topf, meist mit Rindfleisch, Kalbszunge und Huhn) mit der cremigen Brotsoße Pearà. Dazu Gemüse der Saison, frische Salate und ein gutes Glas Wein. Der klassische Mandelkuchen Sbrisolona oder ein hausgebackener Apfelkuchen kann das Mahl beschließen. Außer dem günstigen und guten Hauswein kann man die Weine des Veroneser Ufers des Gardasees und des Valpolicella verkosten.

TIPPS & INFORMATIONEN
....

Der berühmten Soße zum Bollito ist sogar eine eigene Internetseite gewidmet: www.peara.it. Wer sie machen möchte: 250 g fein geriebenes, altbackenes Weißbrot, 50 g Knochenmark, 50 ml bestes Olivenöl, 50 ml Fleischbrühe, Salz und Pfeffer zum Abschmecken. Mark und Olivenöl erwärmen, rühren, bis sich das Mark auflöst, Semmelbrösel sowie die Brühe nach und nach dazu geben. Mit Salz und Pfeffer abschmecken. Mit Meerrettich oder Parmesan verfeinern.

29 LOCANDA CENTRALE

Zwei Süditaliener am Gardasee: heimische Küche und Meeresfisch

PLÄTZE | *20 Innen, 30 Terrasse/Garten*

LAGE | *Am Kirchplatz neben der großen Barockkirche*

PREISNIVEAU | *Antipasti um 6 €, Primi um 9 €, Secondi um 11 €, Dolci 4-5 €, Weine ab 12 €, Kinderteller für 4,50 €*

ADRESSE | *Locanda Centrale, Piazza della Chiesa 4, 37010 Cavaion (VR), +39 045 723 51 81*

RUHETAG | *Mittwoch*

BETRIEBSFERIEN | *Ganzjährig geöffnet*

AMBIENTE

Man betritt die hübsche Locanda durch die Bar, man kann also auch nur auf einen Kaffee oder einen Aperitivo vorbei kommen. Dahinter verbirgt sich ein gemütlicher Gastraum, dessen Wände von netten Bildern mit Szenen aus der Gegend geschmückt sind. Im Sommer sitzt man ein Stockwerk tiefer, auf der Terrasse entlang der Seitengasse des hübschen kleinen Ortes im Hinterland.

KÜCHE & KELLER

Giuseppe Milordo und Michele Fortunato betrieben zuvor gemeinsam die Pizzeria Metti in Incaffi, seit Dezember 2012 sind sie nun hier in Cavaion. Koch Giuseppe verwendet frische Zutaten aus der Region, der Meeresfisch kommt täglich aus Chioggia. Aus dem heimischen Gemüse macht er zum Beispiel einen luftigen, würzigen Gemüseflan. Der Hirschschinken mit Rucola, Granatapfelkernen und Fenchel war ebenso fein wie die Tagliatelle mit Kaninchensugo. Wer Kutteln mag, bekommt sie hier in bester Qualität. Edler freilich sind die akkurat zubereiteten Meeresfische. Was gerade frisch vorhanden ist, klärt man am besten mit Michele, der jeden Gast freundlich berät. Das gilt auch bei der Frage, welcher Wein am besten zu welchem Gericht passt. Selbstverständlich ist die Pasta hausgemacht, ebenso die verführerischen Dolci wie zum Beispiel ein köstlicher Schokoladenkuchen mit Gewürzen.

TIPPS & INFORMATIONEN

Giuseppes Rezept für den Gemüseflan: Für 20 Stück, etwa in Kaffeetassengröße, kocht er zunächst einen Liter sehr dichte Béchamelsoße. Die verrührt er mit 6 Eiern und 4 Eigelb sowie einigen Löffeln frisch geriebenem Grana. Dazu kommen etwa 1,5 Kilo gemischte Gemüse, je nach Sorte fein geschnitten und gedünstet. Nun püriert er die Masse ein wenig, würzt mit Salz, Pfeffer und Muskatnuss und gart sie bei 150 Grad im Wasserbad im Ofen in kleinen Förmchen.

30 CA' PERSIANE

Familienbetrieb: bodenständig und kreativ

PLÄTZE | *100 Innen, 25 Terrasse/Garten*
LAGE | *Von Cavaion Richtung Piovezzano, nahe der Autobahnausfahrt Affi*
PREISNIVEAU | *Antipasti um 10 €, Primi um 8 €, Secondi um 15 €, Dolci 5 €,*
Weine ab 12 €

ADRESSE | *Ca' Persiane, Loc. Ca' Persiane, 37010 Cavaion (VR),*
+39 045 723 68 47, www.capersiane.com

RUHETAG | *Mo und Di*
BETRIEBSFERIEN | *variabel*

AMBIENTE

Direkt an der Straße nach Piovezzano liegt das stattliche Haus, in dem neben einer ausgezeichneten Küche auch Zimmer zum Übernachten angeboten werden. Im Gastraum fühlt man sich ein bisschen wie in einer Tenne: offene Holzbalken, gemütliches Mobiliar, bäuerliche Gegenstände an den Wänden. Trotz der Größe ist der Raum gut unterteilt und strahlt Wohlfühlatmosphäre aus.

KÜCHE & KELLER

Ein Familienbetrieb von Anfang an: Die Eltern von Luca sind beide leidenschaftliche Köche. Vater Valentino ist für das Fleisch vom Grill zuständig. Seine Spezialität ist Straußenfleisch, das von ausgewählten Betrieben stammt. Die edleren Teile werden zu Tagliata verarbeitet. Doch zum Strauß gesellt sich auch anderes wie Fiorentina vom Rind, Kaninchen, Pferd oder Esel. Die Salami zur Vorspeise ist hausgemacht, ebenso alle Pasta-Gerichte (die Bigoli mit Straußensugo sind besonders erwähnenswert). Es gibt eine schöne Käseauswahl mit Honig und hausgemachten Marmeladen. Hervorzuheben sind auch die Dolci, vor allem die Torten, die Ehefrau Paola und Mamma Elisa backen. Sie verwenden Früchte der jeweiligen Saison (z.B. Ricotta-Birne oder Ricotta-Traube). Die Weine stammen aus der Gegend, vom Gardasee und aus dem Valpolicella.

TIPPS & INFORMATIONEN

Straußenfleisch ist gesund. Es enthält noch mehr Eisen als Rindfleisch und ist ein mageres, kerniges Fleisch, das kaum Cholesterin enthält. Man kann es wie Rindfleisch zubereiten. Sehr gut ist zum Beispiel Gulasch aus Straußenfleisch. Für den Sugo zu den Bigoli wird grobes Straußenhack mit viel Gemüse bei niedriger Temperatur stundenlang geschmort. Aus Straußeneiern werden auch Nudeln hergestellt, die man bisweilen bekommen kann und die selbstverständlich bestens zum Straußensugo passen.

31 TRATTORIA AL PONTE

Die inneren Werte zählen

PLÄTZE | *50 Innen*
LAGE | *Mitten im Ort gegenüber der Kirche*
PREISNIVEAU | *Antipasti um 5 €, Primi um 6 €, Secondi um 12 €, Dolci 4 €,*
Weine ab 11 €

ADRESSE | *Trattoria Al Ponte, Piazza Vittoria 12, 37020 Brentino Belluno*
(VR), +39 045 723 01 09

RUHETAG | *Mittwoch*
BETRIEBSFERIEN | *3 Wochen im August*

AMBIENTE

Wer will da schon anhalten, in diesem Straßendorf im Etschtal, wenn man doch an den Gardasee will, noch dazu an diesem unspektakulären Haus? Wer weiter fährt, wird die Herzlichkeit und die hervorragende Küche von Stefano Bridi nicht erleben. Die schlichten, aber gemütlichen Räumlichkeiten verbergen das Können der Küche und die Schätze des Weinkellers. Keine Terrasse, kein Ausblick – dafür kann man sich ganz auf die Köstlichkeiten konzentrieren.

KÜCHE & KELLER

Hier herrscht Tradition in hervorragender Qualität. Die Forellen, die aus der Zucht des Nachbarn stammen, sind ausgezeichnet. Die Primi, etwa Bigoli (hausgemachte Eierspaghetti) mit Sardinen- oder Entensugo, mehr als empfehlenswert. Der Eselsschmorbraten ist überragend und lohnt jeden Umweg – esst mehr Esel, sonst stirbt er aus! Hier findet man eine wirklich traditionelle Küche, die den Rezepten der Großmütter Ehre erweist: Gnocchi mit Ragout, Stockfisch mit Polenta oder hausgemachte Tagliatelle mit Trüffeln vom Monte Baldo. Die Dolci sind ebenfalls nach alter Überlieferung. Wir haben selten eine so wohl kalkulierte Weinkarte gesehen. Hier kann man sich den edlen Granato von Elisabetta Foradori aus dem Trentino gönnen. Die Weine sind mit Bedacht gewählt, auf die Empfehlungen des Hauses kann man sich getrost verlassen.

TIPPS & INFORMATIONEN

Gleich in der Nähe gibt es einen der besten Grissini-Produzenten der Region, das Panificio Zorzi. Dort werden knusprige klassische Grissini hergestellt, es gibt aber auch welche mit Rosmarin, Sesam oder Zwiebeln. Neuerdings bietet Zorzi besonders feine Grissini mit schwarzen Oliven an. Es gibt ferner eine Bio-Linie und auch süße Varianten mit Kakao und Kaffee. Man findet die Produkte bei vielen Bäckern und in gut sortierten Lebensmittelgeschäften im Etschtal und am Gardasee.

32 L'UNICO RESTAURANT & PIZZA

Eine dynamische Gastronomenfamilie gestaltet einen neuen Lieblingsplatz am See

PLÄTZE | *100 Innen, 50 Terrasse/Garten*

LAGE | *An der Gardesana am südlichen Ortsrand von Bardolino*

PREISNIVEAU | *Antipastiteller 12 €, Primi um 9 €, Secondi um 12 €, Dolci 4 €, Weine ab 13 €, Menü inklusive Wein, Wasser und Kaffee 35 €*

ADRESSE | *L'Unico, Via Nicolò Copernico 2, 37011 Bardolino (VR), +39 045 721 04 03*

RUHETAG | *Montagmittag*

BETRIEBSFERIEN | *Zwei Wochen im November*

AMBIENTE

Mit viel Pfiff und Kreativität hat der alteingesessene Gastronom Andrea Cabilli das große Gebäude aus den 1970er Jahren umgebaut, in kleinere Einheiten geteilt und liebevoll dekoriert. Die buschige Hecke wurde entfernt und so kann man nun bei bestem Essen den Blick auf den See genießen.

KÜCHE & KELLER

Koch Roberto arbeitet schon lange bei der Gastronomenfamilie Cabilli. Besonders den hervorragenden Vorspeisen gehört seine Zuneigung. Lauter kleine Köstlichkeiten erhält man, bestellt man den L'Unico-Vorspeisenteller. Jedes Gericht ist liebevoll präsentiert. Aber auch die hausgemachte Pasta, die schönen Salate und die Pizza stehen dem in nichts nach. Als Hauptspeise kann man Fisch, Fleisch oder Geflügel bestellen, zum Beispiel knuspriges Hühnchen vom Grill mit frischem Gemüse. Die Gerichte sind alle akkurat zubereitet und haben immer eine kleine Besonderheit, die der leidenschaftliche Roberto sich einfallen lässt. Die gemischten Meeresvorspeisen würde man sich am liebsten gleich ein zweites Mal bestellen, warteten nicht bereits gefüllte Crespelle mit Spargel oder Tartar mit drei Soßen darauf, als nächstes serviert zu werden. Gute Weinauswahl mit Weinen der Region und darüber hinaus. Lobenswert auch die günstigen Kinderteller.

TIPPS & INFORMATIONEN

Zum Tartar aus bester Rinderlende reicht Roberto verschiedene Soßen und Beilagen. Jeder kann das Fleisch so nach eigenem Gusto würzen. Es gibt mittelscharfen Senf, eingelegte Kapern, grüne und schwarze Oliven und bestes Olivenöl dazu. Die in allerfeinste Scheiben geschnittenen Zwiebeln weicht Roberto eine Weile in warmem Wasser ein. Sie verlieren dann etwas von der Schärfe und werden mürber. Dadurch übertönen sie den zarten Fleischgeschmack nicht, sondern runden ihn ab.

33 LA VERANDA DEL COLOR

Edle Küche in buntem Ambiente

PLÄTZE | *40 Innen*

LAGE | *An der Gardesana, leicht zu finden*

PREISNIVEAU | *Antipasti 12-20 €, Primi um 15 €, Secondi um 22-35 €, Dolci 12 €, Weine ab 18 €, Degustationsmenüs 58 €*

ADRESSE | *La Veranda del Color, Via S. Cristina 5, 37011 Bardolino (VR), +39 045 621 08 57, www.ristorantelaverandabardolino.it*

RUHETAG | *keiner*

BETRIEBSFERIEN | *November bis März*

AMBIENTE

Das Color Hotel in Bardolino ist ein Designhotel – bunt, edel, sehr liebevoll geführt. Zwischen Haupt- und Nebengebäude befindet sich eine verglaste Veranda und dort gruppieren sich die 40 Plätze des ausgezeichneten Restaurants „La Veranda". Man schaut auf Olivenbäume und den Hotelpool auf der einen, auf den Gardasee auf der anderen Seite.

KÜCHE & KELLER

Küchenchef Enzo Ninivaggi hat es geschafft, in den Gourmetführer Michelin aufgenommen zu werden. Drei „rote Bestecke" bedeuten, dass das Restaurant den gestrengen „Inspektoren" der „roten Bibel" besonders angenehm aufgefallen ist. Und zwar, was die Küche, die Präsentation der Speisen, den Service und das Ambiente anbelangt. Neben kreativen Gerichten mit Hummer, Languste oder Austern gibt es drei interessante Degustationsmenüs. „Terra" mit typischen Produkten und Gerichten des Gardasees, „Lago" mit Fisch aus dem See, gekonnt zubereitet, und „Mare" mit Meeresgetier, das frischest aus dem nahen Chioggia und anderen Fischgründen stammt. Die Desserts sind große Klasse und so schön präsentiert, dass man die Kunstwerke gar nicht „zerstören" möchte. Aber Fruchtaromen oder zarteste Schokolade schmelzen auf der Zunge und hinterlassen die schöne Erinnerung, sich etwas besonders Gutes gegönnt zu haben.

TIPPS & INFORMATIONEN

Das Color Hotel bietet für Frühbucher besondere Familienrabatte an. Des Weiteren gibt es günstige Paketpreise. Wer etwa freitags schon anreist und mindestens 4 Nächte bleibt, erhält den „fabulous friday" gratis, es gibt Wellnessprogramme und natürlich günstige Preise in der Vor- und Nachsaison. Genießer werden im Weinkeller mit Weinshop glücklich. Sie finden eine reichhaltige Auswahl edler Tropfen, dazu werden Verkostungen angeboten.

34 LA DACIA
Familienrestaurant im Grünen

PLÄTZE | *120 Innen, 120 Terrasse/Garten*
LAGE | *Im Hinterland zwischen Garda und Bardolino, beschildert*
PREISNIVEAU | *Antipasti um 8 €, Primi um 8 €, Secondi um 11 €, Dolci 4 €,*
Weine ab 8 €

ADRESSE | *La Dacia, Loc. Monvei, 37011 Bardolino (VR),*
+39 045 721 14 08, www.ristoranteladacia.com

RUHETAG | *Im Sommer keiner*
BETRIEBSFERIEN | *November bis Februar*

AMBIENTE

Das Ristorante La Dacia ist ein idealer Ort, um mitten im Grünen ein schönes Mittag- oder Abendessen zu genießen. Im Sommer sitzt man sogar auf der Wiese, bei Regenwetter speist man geschützt auf der überdachten Terrasse. Das Restaurant existiert seit über 30 Jahren und ist ein beliebter Treffpunkt für Familien und Freunde geworden. Eine rustikal-gemütliche Einrichtung empfängt die Gäste in den Speiseräumen.

KÜCHE & KELLER

La Dacia ist bekannt für Fleisch und Fisch vom Grill. Doch auch die Vorspeisen brauchen sich nicht zu verstecken: Carpaccio, marinierter Hecht, Gemüsetörtchen oder ein fein gewürzter Salat vom Hühnchen. Die Nudeln sind hausgemacht und werden mit Ente, Pilzen, Gardaseefisch oder (sehr fein) Kaninchen-Thymian-Sugo serviert. Das Kaninchen kann man sich zur Hauptspeise bestellen, aber auch Huhn oder Rinder-Tagliata und natürlich zart gegrillte Gardaseefische. Die wechselnden Desserts sind alle hausgemacht. Zu besonderen Anlässen und Feiertagen werden raffinierte Menüs angeboten. Familienfreundlich sind die Kinderteller (Pasta zu 5,50 €, Fleischgericht mit Beilage 8,50 €). Es gibt Weine aus den Anbaugebieten der näheren Umgebung wie Bardolino oder Custoza.

TIPPS & INFORMATIONEN

Fisch vom Grill wird dann zart, wenn man ihn auf der Haut grillt und mit Hitze sehr vorsichtig umgeht. Die Fischfrau meint: „Es ist viel besser, den Fisch ganz und nicht als Filet zu grillen." Man kann Fisch auch in frische Weinblätter oder Pancetta wickeln, damit er saftig bleibt. Die Weinblätter geben gleich etwas Säure mit. Fein sind auch Kräuter wie Fenchel oder Dill im Bauch des Grillfisches. Serviert wird er mit bestem Olivenöl vom Gardasee, Gemüse und knusprigem Brot.

35 CORTE SAN MARCO

Gaumenfreuden und Schwesternliebe

PLÄTZE | *30 Innen, 50 Veranda, 80 im Innenhof*

LAGE | *In der Altstadt von Lazise*

PREISNIVEAU | *Antipasti um 8 €, Primi um 10 €, Secondi 15 €, Dolci 8 €, Weine ab 16 €*

ADRESSE | *Corte San Marco, Via Porta del Lion 1, 37017 Lazise (VR), +39 045 647 09 89, www.cortesanmarco.it*

RUHETAG | *Juni-September keiner, sonst Dienstag*

BETRIEBSFERIEN | *Von Ende Oktober bis Ende März geschlossen*

AMBIENTE

Urgemütlich ist der richtige Ausdruck – man sitzt im begrünten Innenhof, auf der Veranda (die bei Bedarf mit einer Glastür verschlossen werden kann) oder drinnen im heimeligen Gastraum, der mit schönen Möbeln eingerichtet ist. Der Service ist sehr aufmerksam und professionell, die Präsentation der Speisen kreativ und liebevoll. Was für's Auge und für den Gaumen.

KÜCHE & KELLER

Die beiden Schwestern Silvia und Ilaria haben erst vor kurzem das Restaurant Corte San Marco eröffnet und sich damit einen Traum erfüllt. Sorgsam zubereitete Speisen mit regionalen Produkten, bestes Olivenöl vom Gardasee und Weine der umliegenden Weinlandschaften wie auch von anderswo her machen Genießer glücklich. Hier werden einerseits traditionelle Rezepte mit gekonnter Hand verfeinert (Tortellini mit Fleischfüllung und Pfifferlingen), man unternimmt andererseits kulinarische Ausflüge Richtung Meer (Tortellini mit Tintenfischtinte, Räucherlachs und Ricotta mit Knoblauch und Peperoncino oder Tagliatelle mit Garnelen, Zucchiniblüten und Kirschtomaten). Zu den Hauptspeisen, etwa eine Goldbrasse im Zitrus-Kräutermantel oder Tagliata vom Rind, werden frisch gegrillte, saftige Gemüse gereicht. Als Dessert gibt es beispielsweise Semifreddo mit Haselnüssen oder – sehr fein – mit Minze und weißer Schokolade.

TIPPS & INFORMATIONEN

Am Freitag ist Wochenmarkt in Lazise. Möchte man von Ostern bis September hin, ist es ratsam, früh aufzustehen, zumindest sofern man in Ruhe einkaufen möchte. Neben den vielen Ständen mit allerlei touristischen Waren, Mitbringseln, Kitsch und Schönem gibt es aber auch Stände der Bauern der Umgebung, wo man frisches Obst, Gemüse, Wurstwaren aller Art, frische Pasta, Käse vom Monte Baldo und anderswo her bekommt.

36 VECCHIO MULINO BEACH

Genießerlokal mit jungem Elan direkt am See

PLÄTZE | *120 Innen, 60 Terrasse/Garten*

LAGE | *Am See zwischen Peschiera und San Benedetto*

PREISNIVEAU | *Antipasti um 7 €, Primi um 9 €, Secondi um 12 €, Dolci 4 €, Weine ab 12 €*

ADRESSE | *Vecchio Mulino Beach, Strada Bergamini 14, 37019 Peschiera (VR), +39 045 923 30 82, www.vecchiomulinobeach.com*

RUHETAG | *keiner*

BETRIEBSFERIEN | *November bis März*

▌ AMBIENTE

Früher war hier eine kleine Bar, etwas Fast Food im Sommer. Doch was hat sich in den letzten drei Jahren geändert! Jetzt ist aus der Bar ein großes Freiluft-Restaurant geworden, allerdings überdacht, denn direkt am See kann schon mal der Nordwind pfeifen. Plastikmobiliar ist eleganten Tischen und bequemen Stühlen gewichen und statt Fast Food gibt es junge Küche vom Feinsten.

▌ KÜCHE & KELLER

Der Gardaseefisch, hier die Tinca, die Schleie, wird zu einem köstlichen Salat mit Oliven und Kirschtomaten verarbeitet, dazu ein erfrischendes Campari-Sorbet. Der Salat in einer Schale aus pikanter Hippenmasse, das Sorbet in einem kleinen Gläschen serviert. In dieser Manier werden alle Gerichte im Vecchio Mulino präsentiert: Schön und mit einem kleinen Augenzwinkern. Tomaten mit Mozzarella (der selbstverständlich vom Büffel stammt) werden in die italienischen Quattro-Stagioni-Einmachgläser gefüllt, auf dem Sorbet kann schon mal ein Ruderer im Miniboot sitzen. Doch hier wird nicht nur mit jugendlicher Frische serviert, sondern es werden auch beste Zutaten verwendet. Es gibt viel Fisch, frische Salate, üppig belegte Hamburger und sogar ein veganes Menü. Dem Team um Fabio Gambini kann man nur weiterhin Erfolg wünschen.

TIPPS & INFORMATIONEN

In Ponti sul Mincio befindet sich das Obst- und Gemüsegeschäft „La Fiducia" von Giuseppe Bompieri.Ein breites Angebot von den Märkten und Produzenten der Region ist hier zu finden, aber auch sorgsam ausgesuchte Zitrusfrüchte aus Süditalien, Salate, in der Saison frischeste Palerbsen, ein großes Sortiment an Pilzen (die Morcheln sind sagenhaft preiswert!) – hier kaufen nicht nur die Einheimischen ein, auch die örtliche Gastronomie versorgt sich bisweilen in der Fiducia.

37 ANTICA OSTERIA BUSOCALDO

Ein gemütlicher Landgasthof, von Reben umgeben

PLÄTZE | *80 Innen, 80 Terrasse/Garten*

LAGE | *Im Hinterland von San Benedetto, gut beschildert*

PREISNIVEAU | *Antipasti um 8 €, Primi um 8 €, Secondi um 13 €, Dolci 4 €, Weine ab 11 €*

ADRESSE | *Antica Osteria Busocaldo, Strada Massoni 12, 37010 San Benedetto di Lugana (VR), +39 045 640 06 14, www.busocaldo.it*

RUHETAG | *Montag, Winter Montag und Dienstag*

BETRIEBSFERIEN | *variabel*

AMBIENTE

Die Osteria liegt mitten in den Weinbergen im Hinterland von Peschiera und San Benedetto di Lugana. Auf der großzügigen Terrasse können Kinder gefahrlos herumtollen, während die Eltern speisen. Im Winter empfängt einen der raumgreifende Grill, an dem viele der Speisen zubereitet werden, bevor man sich an die schweren, schön eingedeckten Holztische begibt. Sehr freundlicher Service, fast alle können Deutsch, denn die Seniorchefin ist Deutsche.

KÜCHE & KELLER

Der große Grillkamin am Eingang weist auf die Spezialitäten des Hauses hin – Fleisch, Fisch und Gemüse vom Grill. Das Grillfleisch, von Thomas perfekt zubereitet, ist ausgezeichnet, doch es gibt noch viel mehr! Fische aus dem Gardasee (Schleie, Sardinen) oder Lachsforelle in Folie unter der Asche gegart. Aus der Küche kommt hausgemachte Pasta, etwa Bigoli (dicke Eierspaghetti) mit Hühnerleber oder Tagliatelle mit Pfifferlingen. Es gibt hier das beste gefüllte Perlhuhn weit und breit, zart und würzig, mit klaren Kräuteraromen. Das Gemüse stammt entweder ebenfalls vom Grill oder aus dem Ofen. Ausgesprochen interessant ist die Käseauswahl. Für Süßmäuler gibt es hausgebackenen Kuchen, Sorbet oder Amarettini-Mousse. Die feinen Weine stammen vorzugsweise aus der Gegend.

TIPPS & INFORMATIONEN

Im nahen Peschiera werden vor Ihren Augen frische Nudeln durch die Maschine gelassen – die Breite der Bandnudeln können Sie sich aussuchen. In dem kleinen Laden am südlichen Ortsrand gibt es auch Tortellini mit verschiedenen Füllungen, die alle hausgemacht sind. Fratelli Pozzani, Pasta Fresca, Tortellini, Via XXX Maggio, +39 045 75 52 57. Öffnungszeiten: 8.30-12.30 und 16-19.30. Montag, Dienstag und Mittwochnachmittag geschlossen.

38 AGRITURISMO CA' DEL GAL

Feine Bauernküche im Grünen

PLÄTZE | *60 Innen, 30 Terrasse/Garten*
LAGE | *Am Ortsausgang Richtung Peschiera ist Fornello beschildert*
PREISNIVEAU | *Antipasti um 7 €, Primi um 8 €, Secondi um 9 €, Dolci 4 €,
Weine ab 9 €*

ADRESSE | *Agriturismo Ca' del Gal, Loc. Fornello Gazzi, 37067 Valeggio sul
Mincio (VR), +39 045 795 04 27, www.agriturismocadelgal.com*

RUHETAG | *Samstagabend und Sonntagmittag geöffnet*
BETRIEBSFERIEN | *variabel*

AMBIENTE

Ein schöner Platz mitten im Grünen, zwischen Weinfeldern und Bauernhöfen. Das Gebäude des Agriturismo ist zwar neu gebaut, aber innen sorgen schöne alte Möbel und fröhlich bunte Wände für südliche Stimmung. Möchte man zu mehreren kommen, kann man auch außerhalb der begrenzten Öffnungszeiten am Wochenende vorbestellen. Die Schwestern Silvia und Elena sind flexibel und richten sich gerne auf Gäste ein. Für Gruppen bietet man ein Probierbuffet mit passenden Weinen an.

KÜCHE & KELLER

Hier wird so viel selbst gemacht wie nur möglich. Das Gemüse für die Gemüse-Antipasti stammt aus dem eigenen Garten. Dazu kann man die hausgemachte Salami probieren. Die Primi reichen von den klassischen Tortellini di Valeggio über Bigoli mit Entensugo hin zu feinen gefüllten Nudeltäschchen mit Kräutern und Risotti. Das Fleisch für die Hauptspeisen (z.B. Roastbeef mit Olivenöl und Zitrone, Grillteller oder im Winter geschmorte Rinderbäckchen) stammt überwiegend aus eigener Haltung. Dazu gibt's Gemüse der Saison und Salate in reichlicher Auswahl. Die Desserts wie etwa feine Obstkuchen sind ebenfalls hausgemacht, genauso wie die Marmeladen für das eine oder andere Gebäck oder die Mostarde zum Käse. Neben einem guten Hauswein gibt es – lobenswert – auch Flaschenweine befreundeter Betriebe.

TIPPS & INFORMATIONEN

Die Marmeladen und eingelegten Gemüse kann man genauso wie die hausgemachte Salami kaufen – auch unter der Woche, wenn zwar das Restaurant nicht betrieben wird, aber der Agriturismo geöffnet ist. Es gibt sehr schöne Zimmer, jedes anders gestaltet, sowie kleine Ferienwohnungen und – man ist ja schon weit weg vom See – einen Pool für die Hausgäste. Wer unter der Woche essen gehen will, kann zu Fuß wenige hundert Meter zur schönen Trattoria Fornello spazieren.

39 TRATTORIA FORNELLO

Bilderbuch-Trattoria mit viel Charme

PLÄTZE | *70 Innen, 70 Terrasse/Garten*

LAGE | *Am Ortsausgang Richtung Peschiera ist Fornello beschildert*

PREISNIVEAU | *Antipastivariation 12 €, Antipasti um 7 €, Primi um 8 €, Secondi um 12 €, Dolci 6 €, Weine ab 11 €*

ADRESSE | *Trattoria Fornello, Loc. Fornello, 37067 Valeggio sul Mincio (VR), +39 045 795 03 23, www.trattoria-fornello.it*

RUHETAG | *Mittwoch und Donnerstag*

BETRIEBSFERIEN | *3 Wochen im Januar, 3 Wochen Juli/August*

AMBIENTE

Draußen unter der überdachten Pergola könnte man die Zeit vergessen. In der kalten Jahreszeit speist man in den gemütlichen Stuben, die mit schönen alten Fundstücken geschmückt sind, die der Hausherr auf Trödelmärkten aufstöbert und selbst restauriert. Wer bleiben möchte, übernachtet im neu eröffneten Agriturismo „I filari" der Familie oder in einem der drei Zimmer des „Giardino delle Emozioni".

KÜCHE & KELLER

Die Antipasti sind das Markenzeichen des Fornello. Der Tisch füllt sich nach und nach mit Gemüsetörtchen, Frittatastückchen, mit von knusprigem Speck umhüllten Pflaumen, Fonduta mit Trüffeln, hausgemachter Salami und beinahe auf der Zunge schmelzendem Lardo; bestimmt zehn verschiedene warme und kalte Köstlichkeiten, die man sich nicht entgehen lassen sollte. Darauf können Kürbistortelli oder Tagliatelle mit Waldpilzen folgen, schließlich allerlei Fleisch vom Grill, etwa die großartige Tagliata mit Rucola und bestem Olivenöl. Cremige Dolci runden den Besuch ab. Dazu trinkt man am besten Lucianos eigenen Wein, den spritzigen Weißen oder den dichten Roten, den er schmunzelnd „Sassicaia alla Spina" nennt. Sensationell die Liköre nach Familienrezepten wie der Mirtillo oder der Limoncello, auch sie hausgemacht, wie fast alles in der Bilderbuch-Trattoria.

TIPPS & INFORMATIONEN

Die Località Fornello ist ein Minidorf, das sich langsam zur kulinarischen Perle entwickelt. Seit wenigen Jahren gibt es gleich angrenzend an die Trattoria das Weingut Valbusa, direkt gegenüber bietet Ivano Venturelli im „Corte Fornello" sehr interessante Spumante an, die man auch zusammen mit hausgemachter Salami, Käse und Eingelegtem des Agriturismo Ca' del Gal wenige hundert Meter weiter verkosten kann.

40 ALLA BORSA

Die besten Tortellini der Welt

PLÄTZE | *180 Innen, 50 Terrasse/Garten*
LAGE | *Im Zentrum von Valeggio sul Mincio*
PREISNIVEAU | *Antipasti um 8 €, Primi um 10 €, Secondi um 12 €, Dolci 5 €,*
Weine ab 10 €

ADRESSE | *Alla Borsa, Via Goito 2, 37067 Valeggio sul Mincio (VR),*
+39 045 795 00 93, www.ristoranteborsa.it

RUHETAG | *Dienstagabend und Mittwoch*
BETRIEBSFERIEN | *variabel*

AMBIENTE

Für ein romantisches Dinner zu zweit ist die Borsa vielleicht nicht das richtige, aber gerade wegen der vielen Plätze und der großen Räume taucht man in lebendige Italianità im hübschen Zentrum von Valeggio sul Mincio ein. Im Sommer sollte man sich einen Platz im Garten reservieren.

KÜCHE & KELLER

Tja, die Tortellini…. Auf Nachfrage erhielten wir sofort das Rezept, doch die Versuche zuhause waren weit weg von der Zartheit der Hülle und den perfekt vermählten Aromen der Füllung der „Liebesknoten", wie die Tortellini di Valeggio auch bezeichnet werden. Da heißt es weiterüben und sich auf viele lehrreiche Besuche in der Borsa freuen. Delikat die Antipasti (die hausgemachten Olive Ascolane sind besonders hervorzuheben), bestens auch alle anderen Primi, als Tris serviert besonders verführerisch. Gekonnt zubereitet sind auch die Risotti. Zart und duftend das gefüllte Perlhuhn und perfekt das Zicklein aus dem Ofen. Und ganz sicher wären die Dolci auch jede Sünde wert gewesen. Aber das ginge nur unter Verzicht auf einen der vorangegangenen Genüsse. Versuchen Sie es doch und geben uns Bescheid! Wir genießen derweil den letzten Schluck Wein, den wir aus der ausnehmend gut sortierten Weinkarte ausgesucht haben.

TIPPS & INFORMATIONEN

Geheimniskrämerei ist nichts für die Gastronomenfamilie Pasquali. Sie finden viele Rezepte auf der Internetseite des Restaurants auch in deutscher Sprache. Das große Geheimnis bei der unvergleichlichen Zartheit des Teiges ist allerdings eine ganz bestimmte Maschine, mit der der Teig ausgerollt wird. Die kostet aber viel Geld. Seien Sie also nicht allzu kritisch mit sich selbst, wenn Sie das Rezept probieren.

④ TRATTORIA DA GUIDO

Junge Küche trifft auf Tradition

PLÄTZE | *50 Innen, zusätzlich ein Saal für Feste, 30 Terrasse/Garten*
LAGE | *Südlich und außerhalb von Bussolengo*
PREISNIVEAU | *Antipasti um 8 €, Primi um 7 €, Secondi um 11 €, Dolci 7 €, Weine ab 11 €*

ADRESSE | *Trattoria da Guido, Loc. Colombara di San Vito 60, Bussolengo (VR), +39 045 676 60 31, infodaguido@gmail.com*

RUHETAG | *Dienstag*
BETRIEBSFERIEN | *Ganzjährig geöffnet, Ferien variabel*

AMBIENTE

Ein bisschen suchen muss man schon, aber wenn man gefunden hat, ist man glücklich. Im kleinen Ortsteil Colombara, der zu San Vito gehört, dies wiederum zu Bussolengo, sitzt der Gast auf einer herrlichen überdachten Terrasse und schaut ins Grüne, wo man sich vielleicht vorher noch durch Ausfallstraßen gekämpft hat. Drinnen ist es elegant, allerlei Kunst schmückt die Wände.

KÜCHE & KELLER

Bedient wird man von Amelia, der jugendlichen Mutter von Guido. „Ich musste ihm schon helfen", lacht sie, als er mit gerade einmal 19 Jahren 2007 das stattliche Restaurant eröffnet hat. Mit 12 wusste er schon, dass er Koch werden will, erzählt Guido, der als erster der Familie diesen Beruf ergriffen hat. Doch, meint er, seine Mutter hat immer bestens gekocht, dann hat er erfahrenen Köchen über die Schulter geschaut. Seine Küche ist unglaublich präzise und elegant, er nimmt traditionelle Rezepte und verfeinert sie mit jugendlichen Ideen. Frische ist oberstes Gebot, genauso wie die Berücksichtigung der Jahreszeiten. Egal ob Antipasti (ein lockerer Ricottaflan mit Radieschensprossen), Primi (Tortelli mit Kaninchen oder Tagliatelle mit geräuchertem Ricotta und Trüffel) oder Secondi (ein perfekter Wolfsbarsch): Alles schmeckt ausgezeichnet und man sollte unbedingt zum Schluss die hausgemachten Parfaits probieren. Auch für die Weinkarte gilt: alles bestens!

TIPPS & INFORMATIONEN

Wer mit dem Auto zu Guido Zocca fährt, muss durch das nicht ganz so schöne Bussolengo durch. Eine Anreise mit dem Fahrrad hingegen führt am Etschradweg entlang, der wiederum ein Teil des Via-Claudia-Radwegs vom bayrischen Donauwörth über Tirol, Südtirol und Verona bis Ostiglia am Po ist. Informationen hierzu gibt es unter www.viaclaudia.org. Auch wenn das Restaurant innen elegant ist: Radfahrer sind auch im Fahrraddress herzlich willkommen.

42 AL COVOLO

Wunderbarer Weinkeller, leidenschaftliche Slow Food-Küche

PLÄTZE | *25 oben, 30 im Gewölbekeller, 50 Terrasse/Garten*

LAGE | *Am Hauptplatz von Sant' Ambrogio di Valpolicella*

PREISNIVEAU | *Antipasti um 6 €, Primi um 9 €, Secondi um 12 €, Dolci 5 €, Weine ab 9 €, Lamm-Menü 25 €*

ADRESSE | *Al Covolo, Piazza Vittorio Emanuele 2, 37015 Sant‹ Ambrogio di Valpolicella (VR), +39 045 773 23 50*

RUHETAG | *Dienstag*

BETRIEBSFERIEN | *Ende Februar*

AMBIENTE

Der Speiseraum im Erdgeschoß bei der Bar ist schlicht, der Gewölbekeller urgemütlich. Beide Räume zieren unzählige große Weine, die
einmal den Weg aus dem Weinkeller in die Gaststube gefunden haben
Die schattige Terrasse im Innenhof ist mit viel Grün und blühenden
Blumen geschmückt.

KÜCHE & KELLER

Wirt Adelino Molinaroli liebt die Berge. Deshalb fährt er auch zu
einem der letzten Schäfer, der auf den Hängen der Monti Lessini
hoch über dem Valpolicella die alte Schafsrasse „Brogna" weiden lässt.
Sohn Andrea zaubert daraus mit Lammragout gefüllte Nudeltaschen
oder „Dreierlei vom zarten Weidelamm". Es gibt würzigen Schafskäse,
den man neben anderen Käsesorten der Region auf der Käseplatte findet. So hilft man als Gast des „Covolo", die selten gewordene Schafsrasse zu erhalten. Doch auch die traditionellen Gerichte wie Bigoli
mit Entensugo oder die feinen Vorspeisen wie etwa ein zarter Käse-
Flan mit Entenschinken sind mit viel Liebe zubereitet. Dazu könnte
man einen wirklich feinen Wein aus dem Dorf trinken, aber man findet auf der üppigen Weinkarte auch weitere bodenständige und edle
Tropfen günstig kalkuliert. Fragt man nach alten Amarone-Jahrgän-
gen, öffnet Sommelier Adelino gern seine Cantina.

TIPPS & INFORMATIONEN

In luftiger Höhe, wo Oliven und Wein nicht mehr
wachsen, zogen Schäfer mit der alten, heimischen
Schafsrasse „Brogna" über die Weiden mit ihren
würzigen Kräutern. Hochwertige Wolle und bestes
Fleisch liefern die Schafe, doch heute gibt es nur
noch wenige Schäfer und die Brogna-Schafe droh-
ten auszusterben. Slow Food Verona und die Wir-
tevereinigung des Valpolicella helfen mit, die hübschen Schafe zu erhalten, indem sie feinen Käse,
Wurst und Fleisch der Bergschafe anbieten.

43 ANTICA TRATTORIA DA BEPI

Traditionsküche mit Amarone

PLÄTZE | *50 Innen, 50 Terrasse/Garten*
LAGE | *Mitten in Marano di Valpolicella*
PREISNIVEAU | *Antipasti um 7 €, Primi um 8 €, Secondi um 9 €, Dolci 4 €, Weine ab 9 €*

ADRESSE | *Antica Trattoria da Bepi, Via Valpolicella 14, 37020 Marano di Valpolicella (VR), +39 045 775 50 01, www.anticatrattoriadabepi.it*

RUHETAG | *Montag*
BETRIEBSFERIEN | *variabel*

▌AMBIENTE

Mitten im Ort liegt die traditionsreiche, urige Trattoria mit Steinmauern und schönen alten Möbeln. Vittorio und Camilla kochen bestens zubereitete Traditionsspeisen mit eigener Handschrift. Herz des Hauses ist der offene Kamin, an dem die meisten Fleischspeisen und die Polenta zubereitet werden. Im Sommer speist man unter einer schattigen, gemütlichen Laube.

▌KÜCHE & KELLER

Wenn man alles probieren will, sollte man auch hier zweimal hingehen. Denn schade wäre, probierte man nicht wenigstens eines der Antipasti wie zum Beispiel die gemischten Salumi mit eingelegtem Gemüse. Die Primi sind klassisch: Risotto mit Amarone oder hausgemachte Tagliatelle oder Bigoli mit dichten, feinen Soßen aus Fleisch oder auch mit Pilzen. Als Hauptspeise ist das in Amarone geschmorte Lammragout legendär, aber es gibt auch gute Tagliata vom Chianina-Rind und im Winter Baccalà. Wer Süßes mag, kann die hausgemachten Kuchen probieren, Käsefreunde bestellen sich besser die ausgewählten Käse der lessinischen Berge mit dazu passenden Honigsorten oder Mostarda. Lassen Sie sich einen passenden Wein empfehlen, es gibt jede Menge bezahlbarer Tropfen der Gegend. Entspannt genießen kann man, mietet man sich in einem der hübschen Zimmer ein.

TIPPS & INFORMATIONEN

Salami und Käse in sagenhafter Qualität und Auswahl gibt es bei Corrado Benedetti in Sant Anna d'Alfaedo. Der wunderschöne Laden mit vielerlei Spezialitäten wie hausgemachte Mostarde, Soßen und Marmeladen ist Pilgerstätte für Genießer. Man kann vor Ort eine Kleinigkeit essen oder sich im nahen Picknickgelände „Bosco Allegro" niederlassen. Der Ausflug hierher lohnt sich kulinarisch, aber auch wegen der schönen Aussicht. Mehr unter www.corradobenedetti.it

44 LOCANDA '800

Herrliches Gemäuer und edle Küche mitten in der Natur

PLÄTZE | *90 Innen, 60 Terrasse/Garten*

LAGE | *Südlich von Negrar, gut ausgeschildert*

PREISNIVEAU | *Antipasti um 11 €, Primi um 12 €, Secondi um 18 €, Dolci 6 €, Weine ab 15 €*

ADRESSE | *Locanda '800, Loc. Moron, 37024 Negrar (VR), +39 045 600 01 33, www.locanda800.it*

RUHETAG | *Montag*

BETRIEBSFERIEN | *variabel*

AMBIENTE

Dicke Bruchsteinmauern, edles Mobiliar, schön eingedeckte Tische und ein Traum von Weinkeller lassen die Gäste den Alltag vergessen, ganz gleich, ob man in der Locanda übernachtet, den Wein probiert oder im Restaurant die feine Küche genießt. Das alte Gemäuer aus dem 18. Jahrhundert ist von einem wunderschönen, parkartigen Garten umgeben.

KÜCHE & KELLER

In der Küche werden zwei Stile gepflegt. Einerseits bereitet man sehr feine traditionelle Gerichte zu, andererseits finden Liebhaber von Meeresfisch ihre Wünsche erfüllt. So kann man zwischen Hummer mit Fenchel-Zitronensalat, Jakobsmuscheln mit Gartengemüse oder Käsesoufflé mit Trüffel wählen. Als Primi gab es phantastische hausgemachte Bigoli mit „Ragout di cortile", einer Soße aus Hähnchen, Ente und Perlhuhn. Hauptspeise könnten Lammkoteletts mit Kräutern und rohem Sommergemüse sein, oder ein jeweils tagesfrischer Meeresfisch. Eine schöne Käseplatte mit verschiedenen Mostarde und Honig können das Mahl abrunden, oder man entschließt sich zu einem der hausgemachten Dolci wie Schokoladentörtchen oder Tiramisù. Verkosten Sie zum Menü die hauseigenen Weine – sie lohnen sich. Der weiße Garganega „Misia" hat frische Säure, der Valpolicella Ripasso „El Campanar" passt bestens zu Fleisch.

TIPPS & INFORMATIONEN

Für Gäste, die ein wenig bleiben möchten, gibt es in der Locanda vier sehr schön eingerichtete Zimmer. Ergattert man eines davon, könnte man auch den ausgesprochen edlen Amarone des Hauses probieren. Wie aus Trauben der Rebsorte Corvina Amarone wird, können Sie in einem Film auf der Website des Weinguts sehen. Sie erkennen dort auch die unglaubliche Sorgfalt, mit der Gianfranco Elampini zusammen mit seinem Vater Gino arbeitet.

45 TRATTORIA ALLA RUOTA

Ein Ausflug für Gaumen und Auge

PLÄTZE | *90 Innen, 70 Terrasse/Garten*

LAGE | *Von Negrar hinauf nach Mazzano, dann beschildert*

PREISNIVEAU | *Antipasti um 9 €, Primi um 9 €, Secondi um 13 €, Dolci 6 €, Weine ab 11 €*

ADRESSE | *Trattoria alla Ruota, Via Proale 6, 37024 Mazzano di Negrar (VR) +39 045 752 56 05, www.trattoriaallaruota.it*

RUHETAG | *Montag, Dienstag*

BETRIEBSFERIEN | *variabel*

▌AMBIENTE

Kurvig geht's nach oben, nach Negrar hinauf Richtung Mazzano. Ist man angekommen, wird man mit einem herrlichen Blick über das Valpolicella belohnt und mit phantastischer Küche. Im Sommer sitzt man auf der wunderschönen Veranda, die teilweise verglast ist. Aber auch innen ist es gemütlich und die vielen Plätze sind gut unterteilt.

▌KÜCHE & KELLER

La Mamma begann vor rund 30 Jahren hier Gäste zu verwöhnen, wo vorher Räder hergestellt wurden. Ganz klein war die Trattoria damals noch. Die Gäste waren höchst zufrieden, also erweiterte man die Gaststube, baute an, erweiterte wiederum, vor noch nicht allzu langer Zeit um eine verglaste Veranda. Man wird mit frisch gebackenem köstlichem Brot begrüßt, dann könnte man kreative Antipasti wie etwa eine feine Kaninchenterrine wählen. Legendär die Tortelli all'Amarone – mit dem edlen Wein wird der Pastateig gefärbt und die Füllung besteht aus in Amarone geschmortem Braten. Sehr große Aufmerksamkeit wird Salaten und Gemüse geschenkt. Von einem reich bestückten Wagen kann man sich die vitaminreiche Kost aussuchen und gleich nach Rezepten fragen. Zum Würzen steht Valpolicella-Essig und hiesiges Bio-Olivenöl auf dem Tisch.

TIPPS & INFORMATIONEN

Für die Pasta nehmen Sie einen kräftigen Rotwein (es muss nicht unbedingt Amarone sein), auf 400 g Mehl 2 Eier und ein Eigelb. Dann verrühren Sie zunächst den Wein mit den Eiern und geben das Eier-Weingemisch nach und nach zum Mehl. Daraus einen sehr festen Teig herstellen und eine halbe Stunde ruhen lassen. Statt Tortellini können Sie auch einfache Bandnudeln herstellen und einen dichten Sugo aus geschmortem Braten (Reste von Ossobuco zum Beispiel) dazu servieren.

46 OSTERIA MACAFAME

Eine neue Lieblingskneipe im Herzen Veronas

PLÄTZE | *35 Innen, 30 Terrasse/Garten*

LAGE | *Ganz in der Nähe der Piazza delle Erbe*

PREISNIVEAU | *Antipasti 5-10 €, Primi um 8 €, Secondi 10 €, Dolci 4 €, Weine ab 18 €, Glas ab 3 €*

ADRESSE | *Osteria Macafame, Via delle Fogge 6, 37121 Verona (VR), +39 347 873 01 50*

RUHETAG | *Montag, sonst 10-24 Uhr durchgehend geöffnet! Jeden Freitag Live-Musik*

BETRIEBSFERIEN | *Eine Woche im November*

AMBIENTE

Sie ist gemütlich und mit viel Liebe eingerichtet und gestaltet – die Osteria Macafame im Herzen von Verona. Macafame ist ein Apfeldessert – das Rezept dazu finden Sie als Fresko an der Wand.

KÜCHE & KELLER

Die Küche von Fabio ist kreativ und traditionell zugleich. Mit besten Zutaten wird einfachen Gerichten genauso viel Aufmerksamkeit geschenkt wie etwas anspruchsvolleren. Zu günstigen Preisen wird hier jeder glücklich. Für Eilige gibt es hausgemachte Hamburger mit Chianina-Rindfleisch, aber auch vegetarische Varianten mit gegrillten Auberginen und Kichererbsenbratling. Oder man bestellt einen Brotzeitteller mit Wurst und Käse der Region, dazu ein Glas Wein, und die Mittagspause ist perfekt. Genießer bestellen einen Fenchel-Orangensalat als Vorspeise, hausgemachte Gnocchi mit Pferderagout oder Risotto all'Amarone, dann Lammkoteletts mit gebratenem Radicchio oder Rindersteak mit Olivenöl. Es gibt außerdem tolle Fischsalate und allerlei Meeresgetier. Zum Nachtisch kann man die namensgebende Macafame wählen, die traditionelle Veroneser Süßspeise aus Brot, Milch, Äpfeln und Zucker. Das ist eigentlich ein Hauptgericht, denn man wird davon satt, doch es gibt auch Panna Cotta, Schokoladensalami oder – im Herbst - Kastanien-Tiramisù.

TIPPS & INFORMATIONEN

Macafame: 4 altbackene Semmeln in dünnen Scheiben, 1,5 l Milch, 1 Ei, 4 Äpfel (in Stücken), 1 TL Backpulver, 5 EL Zucker, 200 g Rosinen, Abrieb von einer Zitrone, Saft einer Orange, 1 Prise Salz, 2 cl Grappa. Semmelscheiben und Rosinen eine Stunde in Milch einweichen. Nun alle Zutaten miteinander verrühren. Ist der Teig zu flüssig, etwas Semmelbrösel unterheben. In einer geschlossenen Form bei 180 Grad backen (Stäbchenprobe!) Erkalten lassen und mit Zucker bestreuen.

47 RISTORANTE
PONTEPIETRA

Ein eleganter Platz direkt an der Etsch

PLÄTZE | *30 Innen, 10 Terrasse/Garten*
LAGE | *Direkt an der Ponte Pietra*
PREISNIVEAU | *Antipasti um 15 €, Primi um 15 €, Secondi um 22 €, Dolci 6 €,*
Weine ab 18 €

ADRESSE | *Ristorante Pontepietra, Via Ponte Pietra 34, 37121 Verona (VR),*
+39 045 804 19 29, www.ristorantepontepietra.com

RUHETAG | *Keiner. Täglich geöffnet von 12-15 und 19:30-24 Uhr*
BETRIEBSFERIEN | *variabel*

AMBIENTE

Das Ambiente ist edel und etwas ganz besonderes. Eingerichtet hat das Restaurant der Veroneser Designer Mario Santini, im März 2012 wurde neu eröffnet. Gianni Pascucci und seine Frau Diana Tropinina haben hier einen außergewöhnlichen Ort zum Verweilen geschaffen. Träumen kann man, wenn man einen Platz auf einer der beiden kleinen Terrassen direkt am Wasser ergattert. Gemütlich und verführerisch gleichermaßen ist der Weinkeller im historischen Gewölbe.

KÜCHE & KELLER

Die Küche ist genauso elegant wie das Ambiente. Als Antipasti kommen hier nicht Salami auf den Tisch, sondern lauwarmes Hirschfilet mit Pilzen und Macadamia-Pesto oder Wirsingröllchen mit Kastanien und Taleggio. Die Ravioli sind mit Kaninchen gefüllt, es gibt als Primi aber auch hausgemachte Nudeln mit Meeresfisch oder eine hervorragende Fischsuppe mit Meeresfrüchten und Kräutern. Hauptspeise könnte eine gefüllte Perlhuhnkeule sein oder ein perfekt gebratenes Lammkarree. Vom edlen Angusrind stammen Tagliata, Filet und Steak. Fisch kommt als Thunfischkotelett auf den Tisch, fein der Seeteufel im Hummerfond mit gebratenen Artischocken. Die 32-seitige Weinkarte lässt kaum Wünsche offen. Weine aus ganz Italien (jedoch mit großem Augenmerk auf die Weinregionen der Gegend) sind genauso zu finden wie Weine aus anderen Ländern.

TIPPS & INFORMATIONEN

Eine ebenfalls opulente Weinauswahl gibt es am Gardasee seit Neuestem in Affi. Dort, am Rande des großen Einkaufszentrums, gibt es Signorvino, „Wine Store" und Restaurant. Hier erhält man nicht nur Weine aus ganz Italien in immens großer Zahl, sondern jede Menge Tipps über den jeweils besten Wein zum Essen. Lebendig geht's im Restaurant zu, in dem traditionelle Speisen aus ganz Italien gekonnt zubereitet werden.
Mehr unter www.signorvino.com.

48 AL CARRO ARMATO

Gescheite Hausfrauenküche abseits des Rummels

PLÄTZE | *30 Innen*

LAGE | *Zwischen Ponte Nuovo und Ponte Pietra unweit der Etsch*

PREISNIVEAU | *Antipasti um 6 €, Primi um 7 €, Secondi um 9 €, Dolci 4 €, Weine ab 11 €*

ADRESSE | *Al Carro Armato, Vicolo Gatto 2, 37121 Verona (VR), +39 045 803 01 75*

RUHETAG | *Montag*

BETRIEBSFERIEN | *variabel*

AMBIENTE

In den Seitengassen abseits der großen Ströme findet man das ursprüngliche Verona. Dort sitzen Einheimische beim Mittagstisch, treffen sich abends Freunde und Slow food – Fans, zum Beispiel bei Annalisa. Ihre Trattoria ist urig-gemütlich, mit Holzbänken und Holztischen und schönen alten Möbeln eingerichtet, der freundliche Service empfiehlt, was gerade frisch vom Markt zubereitet wurde.

KÜCHE & KELLER

In der Veroneser Gegend isst man gerne Pferdefleisch, das meist als eine Art Gulasch geschmort wird. Annalisa ist eine Meisterin in der Zubereitung des „Pastissada de Caval". Manchmal gibt es auch „Sfilacci", vom Pferd oder auch vom Rind. Für die Sfilacci wird Trockenfleisch in sehr feine Streifchen zerteilt, wozu man ein spezielles Küchengerät braucht. Das wird dann mit bestem Olivenöl und etwas Zitronensaft angemacht und als Antipasto gereicht. Die Primi, egal, ob feine Gnocchi oder Tagliatelle, sind hausgemacht, dazu gibt es eine frische Tomatensoße im Sommer, Hühnerleber mit Salbei und Butter im Winter. Winterzeit ist auch Cotechino-Zeit. Die „Schlackwurst" wird normalerweise mit Linsen gereicht, Annalisa serviert sie mit rohem Fenchel und zaubert damit Leichtigkeit in das sonst schwere Gericht. Dazu passt ein feiner Bardolino Superiore, den Annalisa vom Bioweingut Le Tende bei Lazise bezieht.

TIPPS & INFORMATIONEN

Probieren Sie Fenchel doch einmal so: Fenchel quer mit einem V-Hobel in ganz feine Scheiben hobeln. Dann mit etwas Salz bestreuen, gut mischen und etwa eine halbe Stunde durchziehen lassen. Er wird dann ganz zart und schmeckt überhaupt nicht mehr nach „Hustenbonbon". Dann mit etwas frischem Zitronensaft und Olivenöl anmachen. Ein vitaminreicher Salat, der auch bestens zu Fleisch oder Fischgerichten passt.

DAS GOLD DES GARDA-SEES

Olivenöl vom nördlichsten Anbaugebiet der Welt

Wer verschiedene Gegenden Italiens bereist, kennt das: Die Ligurer sagen, ihr Olivenöl sei das Beste. Nein, meinen die Leute in der Toskana: Nur toskanisches kann man wirklich genießen. Sizilianisches, apulisches Öl, welches aus den Marken: Grundlage bester Küche und typischer Rezepte. Und selbstverständlich, fragt man die Menschen am Gardasee, so meinen sie selbstbewusst: das Olivenöl des Gardasees sei das einzig einzigartige, beste „Gold des Südens". Doch weit gefehlt, wer seine Nachforschungen jetzt einstellt. Mit Inbrunst betont die Wirtin der Taverna del Capitano in Brenzone: Einzig das Öl von den Hängen des Monte Baldo und nur dieses würzt den Gardaseefisch richtig! Andrea Bertazzi, Präsident des Verbandes der Qualitätsölmühlen am Gardasee Oliogardadop gibt uns Auskunft.

Ist wirklich ein Unterschied zwischen Olivenöl aus der Gegend um Riva und jenem vom Süden des Sees?

Aber ja! Erstens ist das Klima verschieden und so auch das Öl. Auch die Sorten unterscheiden sich: Im Trentino wird viel mehr Pendolino angebaut – weiter südlich dominieren die Olivensorten Casaliva, Leccino und Frantoio. Olivenöl ist ein Naturprodukt, also schmeckt es immer ein wenig anders, je nachdem, woher es stammt.

Und wie schmeckt man das?

Öl aus dem Norden ist „grüner", hat mehr zarte Bitternoten von Artischocken oder grünem Gras. Das im Süden kommt eine Nuance milder daher, sein Duft erinnert an Mandeln.

Was ist Oliogardadop?

Wir sind ein Zusammenschluss der Qualitätsproduzenten rund um den ganzen Gardasee, 1997 gegründet. Unser Ziel ist, die Herkunft des Olivenöls und Qualität zu garantieren. Auf dem Markt sind leider viele Fälschungen, es wird zum Beispiel das Hundertfache der überhaupt produzierten Menge von Olivenöl „Extravergine" verkauft ..... .

Wie können Verbraucher erkennen, ob Olivenöl wirklich gut ist?

Ein einfaches Rezept ist: direkt beim Erzeuger kaufen oder bei einem Händler des Vertrauens, der genau weiß, woher das Olivenöl stammt. Und nicht nach Billigangeboten greifen – so billig, wie manche Supermärkte Olivenöl anbieten, kann man es gar nicht herstellen.

Oder man achtet auf das DOP-Siegel auf der Flasche?

Ja, wir kontrollieren lückenlos. Unser DOP-Gütesiegel garantiert, dass es sich um Olivenöl vom Gardasee handelt, das hier in der Region auch verarbeitet und abgefüllt wird. Sodann gibt es strenge Kontrollen, die beispielsweise den Säuregrad ermitteln – mehr als 0,5 Prozent sind nicht erlaubt. Die Oliven müssen von Hand oder mit mechanischen Mitteln schonend und zum richtigen Zeitpunkt geerntet und danach so schnell wie möglich verarbeitet werden.

Also „kalt gepresst"?

Gutes Olivenöl darf nur mechanisch gewonnen werden – gepresst oder zentrifugiert und zwar bei etwa 27 Grad.

Wie lagert man Olivenöl zuhause?

Ganz einfach: dunkel und kühl, aber nicht kalt. Ganz wichtig ist, dass Olivenöl nicht lange Sauerstoff ausgesetzt wird – bringt man sich Kanister aus dem Urlaub mit, sollte man sie nach Anbruch in Flaschen abfüllen.

VENETO

WEIN   OLIVENÖL   SPEZIALITÄTEN

5 FRATELLI ZENI

Weingut, Weinmuseum

ADRESSE:
Via Costabella 9
37011 Bardolino (VR)
+39 045 721 00 22
www.zeni.it

ÖFFNUNGSZEITEN:
Mo-Sa 9-12.30 und 14.30-18 Uhr
(im Sommer etwas länger)

BETRIEB

Das Weingut Zeni ist ein Familienbetrieb, wenn auch ein großer. Die Geschäfte führen heute die Geschwister Elena, Federica und Fausto Zeni in fünfter Generation. Vater Gaetano legte den Grundstein für das bekannte Weinmuseum, das man beim Weinkauf kostenlos besichtigen kann. Der Hauptsitz des Gutes ist in Bardolino, doch auch aus den benachbarten Weinanbaugebieten Custoza, Soave, Lugana und natürlich Valpolicella werden Trauben gekeltert. Die Hälfte davon wird auf 45 Hektar selbst angebaut, die andere Hälfte zugekauft.

PRODUKTE

Schon lange gehört Zeni zu den führenden Weingütern der Gegend. Sehr früh setzte man auf Qualität und baute die Weine unter Verwendung der jeweils modernsten Kellereitechnik sorgsam aus. Die Bandbreite reicht vom einfachen, aber sehr guten Bardolino, Bardolino Chiaretto, Soave und Custoza, über Valpolicella Superiore und Ripasso bis hin zum edlen Amarone di Valpolicella. Aus diesen Anbaugebieten gibt es etwa die Serie „Vigne Alte" die sich durch ein hervorragendes Preis-Leistungsverhältnis auszeichnet. Zum Weingut gehört ein Laden, in dem die Weine allesamt auch probiert werden können. Dazu gibt es eine professionelle Weinberatung. Seit neuestem gibt es übrigens einen Bardolino ohne Sulfite!

WEIN

LE FRAGHE 6

Weingut, Agriturismo

ADRESSE:
Loc. Colombare 3
37010 Cavaion Veronese (VR)
+39 045 723 68 32
www.fraghe.it

ÖFFNUNGSZEITEN:
Nach Vereinbarung. Ohne Termin sollten
Sie auf die italienische Mittagspause von
ca. 12.30-15 Uhr Rücksicht nehmen.

BETRIEB

Seit nunmehr 30 Jahren macht Matilde Poggi Wein, das Weingut übernahm sie von ihrem Vater. Inzwischen hat sie es geschafft und zählt zu den besten Winzern der Region. Seit 2013 ist das Weingut mit seinen insgesamt 30 Hektar in Rivoli und Affi bio-zertifiziert. Ihr Credo: zuerst die Qualität, dann Bio. Vom großen Kreisverkehr in Affi aus ist das Weingut beschildert.

PRODUKTE

Im bekannten Slow Wine Führer ist Matildes Weingut mit einer Schnecke für authentische, regionaltypische Weine ausgezeichnet. Ihr Bardolino ist bemerkenswert fruchtig und im Gambero Rosso 2015 mit drei Gläsern ausgezeichnet! Der Bardolino Chiaretto „Rodon" hat große Klasse und lebendige Frische. Besonders erwähnenswert ist ihr reinsortiger Garganega „Camporegno", der zu vielen Spezialitäten der Gardasee-Region bestens passt. Ihre dichten Roten (z.B. der im Fass ausgebaute Bardolino „Brol Grande" oder der tanninreiche Cabernet) können durchaus längere Zeit gelagert werden. Matilde ist Präsidentin der Federazione Italiana dei Vignaioli Indipendenti (Vereinigung unabhängiger Winzer) und spricht übrigens hervorragend deutsch. Auf dem Weingut gibt es zwei Ferienappartements.

7 ZF 4 – FRATELLI ZANONI

Weingut, Olivenöl, Grappa

ADRESSE:
Via Porta San Zeno 7
37017 Lazise (VR)
+39 045 758 05 99
www.zf4.it

ÖFFNUNGSZEITEN:
April-Oktober täglich 10-14
und 17-21 Uhr
November-März Sa/So 10-13 Uhr

BETRIEB

Gleich bei der Porta San Zeno, dem Torbogen aus dem 13. Jahrhundert, befindet sich der Weinkeller der Geschwister Zanoni. Zwar hat schon der Urgroßvater Wein gekeltert – das älteste Fass im Keller stammt aus dem Jahr 1883 – doch seit die Geschwister Laura, Silvia und Marco das Gut übernahmen, wurde in moderne Kellereitechnik investiert und rigoros auf Qualität gesetzt. Im herrlichen Gewölbekeller werden die Fässer gelagert, in denen einige der Weine reifen. Im begrünten Hof kann man sich im Sommer niederlassen und ein Glas Wein trinken.

PRODUKTE

Hier präsentiert Laura mit Stolz ihre Weine und ihr hervorragendes Olivenöl. Bardolino und Bardolino Chiaretto stammen von der Schwägerin Giovanna Tatini. Der hauseigene Garganega ist ein schöner Sommerwein, der Sekt namens „Bolle bianco" leicht und schwingend. Doch der Star der Kellerei ist eine Cuvée aus der heimischen Rebsorte Corvina (aus der auch der Amarone gemacht wird) und Syrah, augenzwinkernd „Cosi" genannt. Er wird 18 Monate in gebrauchten Barriquefässern ausgebaut und wurde im Veronelli 2015 mit drei Sternen bewertet. Mit dichten Tanninen kommt ein reinsortiger Syrah daher, der ausgesprochen lagerfähig ist, ein edler Tropfen, der nur in guten Jahren abgefüllt wird.

WEIN

LE TENDE 8
Weingut, Olivenöl, Grappa

ADRESSE:
Via Tende 35
37017 Colà di Lazise (VR)
+39 045 759 07 48
www.letende.it

ÖFFNUNGSZEITEN:
Mo-Fr 9-12.30, 15-18, Sa 9-12 Uhr
sowie nach Vereinbarung

BETRIEB

Das Bioweingut Le Tende bewirtschaftet 12 Hektar in der Nähe von Cavaion, am Hauptsitz bei Colà und bei Custoza. Für den Wein ist Mauro Fortuna verantwortlich, der „von Beruf Autodidakt" ist, wie er schmunzelt. Er hat erfahrenen Winzern über die Schulter geschaut, zwei Weinlesen in Kalifornien verbracht und macht nun am Gardasee seit gut 25 Jahren sorgsam ausgebaute Weine. Das kleine Weingut hat eine Probierstube, wo Sie auf Mauro oder auch seine Kollegin Giuliana Tezza treffen.

PRODUKTE

Mauros Bardolino Classico und Bardolino Superiore helfen sicher mit, den Ruf dieses Weines zu stärken; denn obgleich hier mittlerweile viele Weingüter hervorragende Qualität produzieren, leidet der Name Bardolino immer noch unter dem Image des billigen Massenprodukts. Mauro war auch einer der ersten, der den Bardolino Chiaretto zu einem frischen, sehr edlen Wein ausgebaut hat und ihm mit dem Spumante Rosé Voluttà zu Nobilität verhalf. Seit 2014 füllt Le Tende einen reinsortigen Corvina ab. Damit gehört man zu den Vorreitern der Region. Neben den lokalen Weinen Bardolino und Custoza wird mit dem „Cicisbeo" (Cabernet/Merlot/Syrah) und dem „Merlò" (100 % Merlot) eine internationale Linie gepflegt. Hierfür erntet Le Tende viele Auszeichnungen der führenden Weinführer.

WEIN

9 LA BAGATTA

Weingut, Olivenöl

ADRESSE:
Loc. Bagatta 5
37017 Lazise (VR)
+39 045 758 00 59 | +49 (0)171 970 0996
www.la-bagatta.it

ÖFFNUNGSZEITEN:
Im Sommer ganztägig, sonst nach
Vereinbarung

BETRIEB

Das Weingut La Bagatta war ehemals ein Grafensitz, der vor über 40 Jahren vom Vater der heutigen, aus Deutschland stammenden Besitzerin erworben und sorgsam renoviert wurde. Das Weingut liegt direkt am See und ist eine kleine grüne Oase zwischen den im Süden ansässigen Campingplätzen. Insgesamt hat es 13 ha Fläche mit einem alten Park und Olivenbäumen, auf rund 4 ha stehen Weinreben. Man kann Ferienappartements und Bootsliegeplätze mieten.

PRODUKTE

Wein wurde schon immer auf dem Anwesen angebaut. Das Ziel der heutigen Besitzer ist - auch mit dem Neupflanzen von französischen Rebsorten - mehr Qualität und weniger Menge zu erzeugen. So gibt es einen runden Merlot und einen charaktervollen Chardonnay, entweder im Edelstahltank oder in Eichenfässern ausgebaut. Allerdings wurde bewusst auch ein Teil der klassischen Bardolino-Reben erhalten. Eine Besonderheit ist der CanTanolo (aus Corvina-Trauben, die am Stock getrocknet werden und dann in ein 500 l Holzfass kommen) - ähnlich wie ein Amarone. Es gibt einen fruchtigen, klassischen Bardolino, einen sommerlichen Bardolino-Chiaretto und einen vollendeten, fruchtig-charaktervollen Chiaretto Spumante. Die Oliven der Bäume des Parks werden zu einem erstklassigen Öl verarbeitet.

CORTE FORNELLO ⑩
Weingut, Grappa, Olivenöl

ADRESSE:
Loc. Fornello 6
37067 Valeggio sul Mincio (VR)
+39 045 795 04 29
www.cortefornello.com

ÖFFNUNGSZEITEN:
Nach Vereinbarung. Ohne Termin sollten
Sie auf die italienische Mittagspause
von ca. 12.30-15 Uhr Rücksicht nehmen.

BETRIEB

Auf rund 15 Hektar baut Ivano Venturelli Wein an, für die Vinifizierung kauft er auch Trauben aus dem nahen Valpolicella von befreundeten Betrieben zu. Der Gewölbekeller des Weinguts ist sehenswert, das Gemäuer kann schon auf einige Jahrhunderte zurück blicken und wurde sorgsam restauriert. Im ersten Stock befindet sich ein schöner Saal, der für Verkostungen mit Gruppen zur Verfügung steht. Oder man probiert den Wein in dem herrlichen Garten.

PRODUKTE

Die Salami für die Weindegustationen wird extra für die Venturellis produziert, in Handarbeit, nach alten, überlieferten Rezepten. Zu probieren gibt es heimische Weine wie Bardolino und Bardolino Superiore, der in Eichenfässern ausgebaut wird. Des Weiteren gibt es einen interessanten Valpolicella Ripasso sowie Amarone, dazu aber auch internationale Reben wie Cabernet und Merlot. Der weiße Frizzante „Dorè" ist leicht und bekömmlich, richtigen Charakter weisen aber die handgerüttelten, nach traditioneller Methode hergestellten Spumante auf – ein „Brut", ein „Extra Dry" sowie ein schöner frischer Spumante Rosé. Seit 2014 gibt es auch ein sehr feines Olivenöl; aus dem Trester der Trauben wird Grappa gebrannt, ein klarer Grappa di Custoza und ein im Holzfass gereifter Grappa di Bardolino „Riserva".

WEIN

11 CANTINA VALBUSA
Weingut

ADRESSE:
Loc. Fornello
37067 Valeggio sul Mincio (VR)
+39 335 720 05 65
www.cantinavalbusa.it

ÖFFNUNGSZEITEN:
Nach Vereinbarung. Ohne Termin sollten
Sie auf die italienische Mittagspause von
ca. 12.30-15 Uhr Rücksicht nehmen.

▌BETRIEB

Die Familie Valbusa produziert seit mehr als 50 Jahren Wein, doch
vor knapp 10 Jahren wurde neu gebaut und rigoros auf Qualität geachtet – im Weinberg wie im Keller. Das Weingut wird von Emiliano
und seinem Onkel Gabriele Valbusa gemeinsam betrieben und befindet sich direkt neben der beliebten (und besuchenswerten) Trattoria
Fornello. Die Weingärten liegen rund um das Weingut.

▌PRODUKTE

Emiliano schwenkt seinen lachsfarbenen Bardolino Chiaretto im Glas,
riecht, probiert und lächelt zufrieden. Wir tun es ihm nach und sind
glücklich, denn es ist ein ausgezeichneter Rosé. Doch auch der Custoza (aus Garganega, Trebbiano toscano, Malvasia und Cortese) ist elegant und zart und gehört ganz sicher zu den besten der Region. Hervorzuheben ist ein „Custoza vivace". Er wird wie Frizzante im
Druckkesseltank zum perlen gebracht, schäumt aber nur ganz leicht
und ist dadurch wunderbar bekömmlich. Emilianos Bardolino fanden
wir etwas zu jung ,doch sein reinsortiger Corvina (aus dieser Traube
entsteht auch der Amarone) ist dicht, kräftig und lagerfähig mit ausgewogenen Tanninen. Ein herausragender Tropfen. Das Preis-Leistungs-Verhältnis sucht seinesgleichen!

CAVALCHINA $\quad$ 12
Weingut

ADRESSE:

Via Sommacampagna 7
37066 Custoza (VR)
+39 045 51 60 02
www.cavalchina.com

ÖFFNUNGSZEITEN:
Nach Vereinbarung. Ohne Termin sollten
Sie auf die italienische Mittagspause von
ca. 12.30-15 Uhr Rücksicht nehmen.

BETRIEB

Luciano und Franco Piona betreiben das Weingut, gleich hinter Custoza gelegen, in dritter Generation. Es liegt direkt an der Straße und ist daher leicht zu finden. Nur die eigenen Trauben werden hier zu feinen Weinen ausgebaut – Weine für jeden Tag genauso wie edle Tropfen. Die Rebgärten befinden sich im Valpolicella, um Custoza und um Bardolino, so dass es Weine aller drei Gebiete gibt.

PRODUKTE

Der einfache weiße Custoza ist wohl der bekannteste Wein des 50 Hektar großen Weinguts. Man begegnet ihm oft auf den Weinkarten guter Trattorien, sicher auch wegen seines guten Preis-Leistungs-Verhältnisses. Frisch und fein kommt der Bardolino Chiaretto daher, fruchtig und gekonnt gemacht der rote Bardolino. Komplexer, mit ausgewogenen Mineraltönen, passt der Custoza Superiore besonders gut zu Fisch, egal ob aus dem See oder dem Meer. Bemerkenswert sind der Amarone und der Ripasso, die aus den Rebgärten im Valpolicella stammen. Es lohnt sich auch ein Besuch beim Weingut La Prendina nahe Monzambano, wo es – wenn er nicht wie so oft ausverkauft ist – den bemerkenswerten Roten „Il Falcone" gibt oder den schon fast Amarone-ähnlichen „Fajal", für den die Trauben ebenfalls leicht angetrocknet werden.

WEIN

⑬ WEINGUT ROENO

Weingut, Trattoria, Agriturismo

ADRESSE:
Via Mama 5
37020 Belluno Veronese (VR)
+39 045 723 01 10
www.cantinaroeno.com

ÖFFNUNGSZEITEN:
Nach Vereinbarung. Ohne Termin sollten
Sie auf die italienische Mittagspause von
ca. 12.30-15 Uhr Rücksicht nehmen.

▌ BETRIEB

Ein Mittagessen ohne Wein sei wie ein Tag ohne Sonne – so die Be-
grüßungsworte der Cantina Roeno. Hier kann man beides in ausgezeichneter Qualität haben: ein köstliches Mahl (mittags und abends)
in der Trattoria des Hauses mit delikater Hausfrauenküche, und dazu
die hauseigenen Weine, die mit Auszeichnungen geradezu überhäuft
wurden. Dennoch bleiben Cristina Fugatti und ihre Geschwister bescheiden, auch wenn ihr Süßwein „Cristina" vor noch nicht allzu langer Zeit als „bester Italiens" ausgezeichnet wurde.

▌ PRODUKTE

Großes Augenmerk legt die ausgebildete Önologin auf die heimischen
Rebsorten. Mit viel Können werden Marzemino und Teroldego, Pinot
grigio und Gewürztraminer ausgebaut. Aber man blickt auch über
den heimischen Kellerrand und füllt einen herrlichen Riesling ab. In-
ternational auch die Cuvée aus Cabernet Franc, Cabernet Sauvignon
und Merlot, lange und sorgsam ausgebaut. Doch die Stars im Keller
sind der dichte, tiefrote Enantio aus der gleichnamigen uralten Rebe,
die schon bei Plinius erwähnt wird, und der oben erwähnte Spätlese-
Süßwein Cristina, der von unvergleichlicher Zartheit ist. Aus dem
Trester des Enantio wird hervorragender Grappa gebrannt. Eine Auswahl an perlenden Weinen - Spumante, Spumante classico wie Frizzante - rundet das Angebot ab.

WEIN

VALENTINA CUBI 14
Weingut

ADRESSE:
Località Casterna 60
37022 Fumane (VR)
+39 045 770 18 06
www.valentinacubi.it

ÖFFNUNGSZEITEN:
Nach Vereinbarung. Ohne Termin sollten
Sie auf die italienische Mittagspause von
ca. 12.30-15 Uhr Rücksicht nehmen.

BETRIEB

Auf 13 Hektar baut Valentina Cubi Wein und Oliven an – immer schon mit großem Respekt vor der Natur. Qualitativ sehr hochwertiger Wein entsteht, wenn man ertragsreduziert Reben auf den am besten geeigneten Böden anbaut und sorgsam pflegt. Das hat Valentina immer schon getan und so hoch gelobte Weine erzeugt. Dass der Anbau der Trauben dann auf biologische Produktion umgestellt wurde, war nur noch ein kleiner, aber konsequenter Schritt.

PRODUKTE

Selbstredend ist das Flaggschiff hier im Valpolicella auch bei Valentina Cubi der Amarone, der dichte Wein aus lange getrockneten Trauben der hier heimischen Rebsorte Corvina, den Valentina „Morar" nennt. Doch auch ihr Valpolicella Classico namens Iperico, oder der Superiore sind erwähnenswert und werden in einem hervorragenden Preis-Leistungsverhältnis angeboten. Fein ihr Ripasso „Arusnatico", der „kleine Amarone" – so genannt, weil der frische Wein auf den Pressrückständen des Amarone noch einmal nachgärt und so einen Teil der Kraft und Dichte des Amarone abbekommt. Der süße Recioto „Meliloto" wird ebenfalls aus Corvina gewonnen. Dieser Süßwein ist sozusagen der „Urvater" des Amarone, der lange nicht trocken ausgebaut wurde. Bis in die 1950er Jahre hieß der Amarone noch „Recioto secco".

WEIN

15 MONTE SANTOCCIO
Weingut

ADRESSE:
Loc. Monte Santoccio 6
37022 Fumane (VR)
+39 045 770 32 15
www.montesantoccio.it

ÖFFNUNGSZEITEN:
Nach Vereinbarung. Ohne Termin sollten
Sie auf die italienische Mittagspause von
ca. 12.30-15 Uhr Rücksicht nehmen.

BETRIEB

Nicola Ferrari hat Soziologie studiert, aber immer schon im Weinbau gejobbt – unter anderem beim großen Giuseppe Quintarelli. Wer dort Weinmachen gelernt hat, der kann etwas. Das beweist Nicola mit jedem Tropfen, den er in seinem nur 3 Hektar umfassenden, kleinen, aber immer bekannteren Weingut produziert, das inmitten der Weinberge über Fumane liegt.

PRODUKTE

Obschon er noch jung ist, hat Nicola es geschafft, auf den Weinkarten bester Restaurants seinen Platz zu finden. Dennoch ist er bodenständig geblieben, ständig neugierig, probiert neue Techniken, verfeinert alte. Sein Amarone ist ein edler, dichter Tropfen, doch auch der „kleine Amarone", der Ripasso, ist bemerkenswert. Stolze 15 Volumenprozent hat seine Cuvée aus Corvina (40%), Corvinone (30%), sowie Merlot, Sangiovese, Cabernet Franc und Sauvignon, die er schlicht „Santoccio Rosso" nennt. Corvina und Corvinone werden wie beim Amarone rigoros von Hand gelesen, selektiert und dann etwa 40-50 Tage in belüfteten Räumen getrocknet. Merlot und Cabernet kommen dann frisch dazu. Dichte Eleganz ist das Ergebnis. Beinahe würde man ihn „Vino da Meditazione" nennen wollen, doch das gefällt Nicola gar nicht: Wein ist zum Trinken da, nicht zum Meditieren, meint er sympathisch.

WEIN

CANTINA VANTINI ⑯
Weingut

ADRESSE:
*Via Cà dell‹ Ebreo 7
37029 San Pietro in Cariano (VR)
+39 045 770 13 74
www.vinivantini.it*

ÖFFNUNGSZEITEN:
*Nach Vereinbarung. Ohne Termin sollten
Sie auf die italienische Mittagspause von
ca. 12.30-15 Uhr Rücksicht nehmen.*

BETRIEB

Seit 1908 baut die Familie Vantini hier im Valpolicella Wein an. Der heutige Besitzer Luigi Vantini ist der traditionsbewusste Enkel des Gründers Angelo, der heute zusammen mit der nächsten Generation mit großer Leidenschaft saubere Weine an- und ausbaut. Das Angebot des hübschen, gut beschilderten Weinguts zeichnet sich durch ein hervorragendes Preis-Leistungsverhältnis aus. Neben den Weingärten im Valpolicella hat die Familie auch Reben im Gebiet um Custoza und Bardolino.

PRODUKTE

Bekannt ist der Betrieb sicher für seine perfekt vinifizierten Weine aus dem Valpolicella – Valpolicella Classico, Superiore und natürlich den edlen Amarone aus den getrockneten Trauben. Doch man hat auch einige Rebgärten in Bardolino, daher gibt es einen klaren, fruchtigen Bardolino Chiaretto ebenso wie den roten Bardolino. Fein der weiße Custoza aus Garganega und Trebbiano mit seinen floralen Noten und leichten 12 Volumenprozent, der so als idealer Sommerwein daher kommt. Der reinsortige Corvina mit der schlichten Bezeichnung „Rosso Veronese" kommt mit seinen 14,5 Volumenprozent schon gewaltiger daher, ebenso wie der Ripasso, der Rote, der auf den Pressrückständen des Amarone noch einmal reifen durfte. Zu Gebäck oder Käse passt der restsüße Recioto des Familienweinguts.

3 OLEIFICIO PICCOLI PRODUTTORI

Ölmühle

ADRESSE:
Via Vespucci 6
37010 Castelletto di Brenzone (VR)
+39 045 743 02 51

ÖFFNUNGSZEITEN:
Mo-Sa 9-12 und 16-19, So 9-12 Uhr

▌ BETRIEB

Rund 150 kleine bäuerliche Betriebe, meist Nebenerwerbsbetriebe, haben sich 1964 zur Landwirtschaftsgenossenschaft von Castelletto zusammengeschlossen und die „Ölmühle der kleinen Erzeuger" gegründet. Die Oliven wachsen bis zu einer Höhe von 300 Metern über dem Gardasee an den Westhängen des Monte Baldo auf zum Teil schwer zugänglichen, terrassierten Flächen und tragen so dazu bei, der Bodenerosion Einhalt zu gebieten. Das Öl ist zwar nicht bio-zertifiziert, aber aufgrund des Terrassenanbaus kann auf Spritzmittel vollständig verzichtet werden.

▌ PRODUKTE

In der Ölmühle in Castelletto wird ausschließlich Extravergine Olivenöl erzeugt; es ist eine Cuvée aus den am Gardasee heimischen Sorten Casaliva, Favarol und Rossanel. Trep, Raza und Fort sind weitere uralte Sorten, die fruchtig-mild und sehr delikat sind und das typische „leichte" Gardasee-Öl ergeben. Die Oliven werden von Hand geerntet und ohne chemische Behandlung verarbeitet. Man kann das Olivenöl naturtrüb oder gefiltert erwerben. Möchte man das Öl bis zur nächsten Ernte lagern, ist es besser, gefiltertes Öl zu kaufen. Das frische, ungefilterte schmeckt am besten kurz nach der Ernte im Spätherbst. Es ist sehr intensiv und passt hervorragend zu Bruschetta.

CA' RAINENE 4
Ölmühle

ADRESSE:
Via per Albisano 97
37010 Torri del Benaco (VR)
+39 045 629 67 15
www.carainene.it

ÖFFNUNGSZEITEN:
Mo-Fr 9-13 und 14-18, Sa 9-13 Uhr

BETRIEB

Gleich hinter dem hübschen Torri del Benaco geht's die Hänge hinauf, an denen die mehr als 4000 Olivenbäume von Paolo Bonomelli wachsen. Er produziert jährlich 120 Hektoliter bestes Olivenöl in der eigenen Ölmühle, die technisch auf dem neuestem Stand ist. Hauptsorte ist Drizzàr, besser bekannt als Casaliva, außerdem die beiden Varietäten Trep und Fort, Olivensorten, die hier am Ostufer des Gardasees, an der Riviera degli Ulivi, heimisch sind.

PRODUKTE

Vom Ölbaum bis zur Abfüllung in die Flasche überwacht Paolo Bonomelli die verschiedenen Schritte, die nötig sind, bestes Olivenöl zu produzieren. Die Preise, die er dafür erhalten hat, kann man hier nicht aufzählen, es sind zu viele. Kürzlich erst ist er unter die 20 besten Produzenten der Welt gewählt worden. Es gibt Extra Vergine vom Ostufer aus verschiedenen Olivensorten, ein reinsortiges Drizzàr und ein reinsortiges Trep. Die hervorragende Qualität des Öls wird auch dadurch belegt, dass es in den Küchen bekannter und ausgezeichneter Restaurants verwendet wird, so etwa im Vecchia Malcesine von Leandro Luppi, der seit vielen Jahren einen Michelin-Stern halten kann. Man kann das Öl ab Hof kaufen und dort auch an Führungen und Degustationen teilnehmen.

OLIVENÖL

5 FRANTOIO VERONESI

Ölmühle, Spezialitäten

ADRESSE:
Via Giuseppe Verdi 1
37017 Lazise (VR)
+39 045 758 00 30
www.frantoioveronesi.com

ÖFFNUNGSZEITEN:
Mo-Sa 9-12.30 und 14.30-19, Mi
nachmittags geschlossen, So 9-12 Uhr

BETRIEB

Die Familie Veronesi produziert bereits in der sechsten Generation Olivenöl. Vom Urururgroßvater Zeno Veronesi gegründet, wird der Betrieb heute von den Geschwistern Sofia, Giacomo und Augusto Veronesi mit Erfolg geführt. Der hübsche Spezialitätenladen befindet sich direkt an der Gardesana; vom Laden aus sieht man die Ölmühle und kann bei den Arbeiten zusehen.

PRODUKTE

Das Olivenöl von Veronesi zählt zu den besten an der Riviera degli Ulivi. Beleg dafür dürften die vielen Preise und Auszeichnungen sein, die der Betrieb erhielt. Neben bestem Olivenöl Extravergine in verschiedenen Cuvées (milder oder intensiver im Geschmack) gibt es Gardasee DOP und mit „Il Sgocciolato" ein unfiltriertes Öl aus entsteinten Oliven. Darüber hinaus führt der schöne Spezialitätenladen Pesto und Pasten, Nudeln, Weinessig und Balsamico, allerlei eingelegtes Gemüse und Fischkonserven, aber auch Spezialitäten aus der Region von befreundeten Betrieben (Wein, Grappa) sowie allerlei Dekoratives aus Olivenholz. Besonders fein sind auch die aromatisierten Olivenöle mit Zitrone, Basilikum, Trüffel, Rosmarin und ein Öl namens „Amor" mit Knoblauch und Peperoncino, denn diese Mischung, so meinen die Italiener augenzwinkernd, sei ein Aphrodisiakum.

AZIENDA AGRICOLA SAN CASSIANO 6

Ölmühle, Weingut

ADRESSE:
Via San Cassiano 17
37030 Mezzane di Sotto (VR)
+39 045 888 06 65
www.cantinasancassiano.it

ÖFFNUNGSZEITEN:
Mo-Fr 9-12.30 und 15-19
Sa 9-13 Uhr

BETRIEB

Mirko Sellas hervorragendes, dichtes Olivenöl haben wir auf dem Tisch der empfehlenswerten Slow Food-Osteria Il Bersagliere in Verona entdeckt. Sowohl beim Anbau der Olivenbäume wie auch in seinen Weinbergen verwendet er so wenig Chemie wie nur irgend möglich. Auch die weitere Verarbeitung erfolgt mit großer Sorgfalt. Im hübschen Tal von Mezzane im Valpolicella gelegen, lohnt sich der Ausflug auch wegen der schönen Landschaft. Schön zum Beispiel im Frühling, wenn sich blühende Kirschbäume zu den samtig-grünen Olivenbäumen gesellen.

PRODUKTE

Die Olivenöle des Valpolicella sind ganz anders als jene direkt am Gardasee. Wer sich schon einmal durch Olivenöle verschiedener Regionen Italiens durchprobiert hat, wird an die Toskana erinnert. Viel kräftiger ist das Olivenöl des Valpolicella, weshalb es für Bruschetta oder zu Grillfleisch hervorragend geeignet ist. Monte Guala und Monte Paradiso heißen die Erhebungen, auf denen Mirko Sella vor allem die Sorte Grignano anbaut. Die anerkannte Zeitschrift Merum, die sich vor allem mit Italiens Weinen und Olivenölen beschäftigt, hat Mirko Sella zu den besten Ölproduzenten Italiens gezählt.

⑤ SOMMERBAUERNMARKT

Regionale Spezialitäten in herrlicher Vielfalt

ADRESSE:

Malcesine (VR)
Località Cassone (Montag)
Località Navene (Freitag)
www.verona.coldiretti.it

ÖFFNUNGSZEITEN:

Jeden Montag und
Freitag 8-13 Uhr
Vom 1. April - 30. September

▎BETRIEB

Ein positives Signal der letzten Jahre: Hier im Veneto hat die Bauernvereinigung Coldiretti in vielen Orten regionale Bauernmärkte aufgebaut, wo Erzeuger ihre Waren direkt anbieten können. In zwei Orts-
teilen von Malcesine finden im Sommer Bauernmärkte statt. Cassone
- dort ist montags Markt - ist auch bekannt dafür, dass es hier den
„kürzesten Fluss der Welt" gibt, der nur 175 Meter lang ist. Etwas
nördlich von Malcesine liegt der Ortsteil Navene, dort findet der
Markt am Freitag statt.

▎PRODUKTE

Viel Frische gibt es hier von Frühling bis Herbst. Im Frühling werden
zum Beispiel Wildkräuter vom Monte Baldo und anderswo her angeboten – das wilde, feine Salatkraut Raperonzoli zum Beispiel oder
auch die kresseartig schmeckenden Mohnsprossen. Im Spätsommer
gibt es dann Pilze vom Monte Baldo, bald auch Trüffel. Doch auch
sonst bieten die kleine Märkte viel: frisches Gemüse und Obst der
Saison, frisch geerntet, dann Käse, Honig und Marmeladen, Gebäck
und Brot. Dazu kommt Fleisch und Wurst von kleinen Betrieben der
Region. Es gibt unverfälschte, regionale Produkte, auch eingelegte
Gemüse, die von den Produzenten selbst nach alten Rezepten einge-
kocht werden.

LE RUBINARE 6

Delikatessen, Weine, Spezialitäten

ADRESSE:
Corso Dante Alighieri 8
37010 Torri del Benaco (VR)
+39 045 629 06 50
www.lerubinare.com

ÖFFNUNGSZEITEN:
Mo-Sa 9-12.30 und 15-19 Uhr
So 9-12.30 Uhr
Im Sommer durchgehend

BETRIEB

Andrea ist quasi inmitten von Spezialitäten aufgewachsen, im Laden seines Vaters in Lazise. Folglich ist sein Gespür für besonders feine Produkte von Kindesbeinen an geschult worden. Nach der Lehre hat er sich im Ausland umgesehen und spricht übrigens wunderbar Deutsch. Schon beim Anblick des Geschäfts mitten in Torri schlagen Genießerherzen höher. Im Schaufenster finden sich Produkte der besten Erzeuger der Region und anderswo her. Man muss einfach hineingehen und sich von Andrea beraten lassen.

PRODUKTE

Hier gibt's zum Beispiel Olivenöl von Ca' Rainene, Rohmilchkäse vom Monte Baldo oder Tremosine, eine sagenhafte Auswahl an Schinken, Wurst und vielen anderen Spezialitäten. Unter eigenem Namen lässt Andrea diverse Balsamico - Sorten abfüllen, darunter einen intensiv duftenden weißen Balsamico, den man sogar pur genießen kann (und probieren darf!). Der wiederum passt zu den gereiften Käsesorten, die Andrea mit anderen Spezialitäten auch als Teller zum Mitnehmen anbietet und die man – zum Beispiel am Seeufer oder in der Ferienwohnung – genießen kann. Aus der Küche kommen auch gefüllte Gemüse, die mit bestem Öl und eben dem phantastischen Essig gewürzt sind. Dazu ein Stück bestes Brot und eine gute Flasche Wein, die man im schönen Geschäft ebenfalls findet.

7 COOPERATIVA FRA PESCATORI

Frische Gardaseefische, Räucherfisch, hausgemachte Fisch-konserven, Räucherfisch-Ravioli

ADRESSE:
Via San Bernardo 137
37016 Garda (VR)
+39 045 627 05 45
www.coopgarda.it

ÖFFNUNGSZEITEN:
Mo-Sa 6.30-12.30, So 6.30-12 Uhr

BETRIEB

1942 schlossen sich 26 Fischer zu einer Kooperative zusammen. In den 1950er Jahren betrug die Zahl der Mitglieder gar 70, dann aber gaben viele diesen anstrengenden Beruf auf. Hier hat der Tourismus am Gardasee Gutes bewirkt, denn stand die Kooperative schon kurz vor der Auflösung, sind es heute immerhin wieder 25 Fischer, die ihren Fang und ihre Produkte im kleinen Laden unterhalb der Rocca di Garda vermarkten und die Gastronomie beliefern.

PRODUKTE

Hier gibt es frischen Fisch aus dem Gardasee. Der wichtigste „Brot-fisch" ist der Lavarello, die Renke, die bei uns auch Felchen genannt wird. Auch am Gardasee hat der Fisch zwei Namen, denn er wird auch als Coregone bezeichnet. Doch auch Tinca (Schleie) oder Cave-dano (Döbel) werden gefangen, dazu noch Forellen und Lachsforel-len, die aber meist aus Fischzuchten stammen. Zum frischen Fisch gesellt sich geräucherter, besonders fein war die geräucherte Schleie. Frisch, eingesalzen oder in Öl eingelegt werden die legendären „Sarde di Lago" angeboten, die Gardasee-Sardinen, die zwar grätenreich, aber ungemein feinwürzig im Geschmack sind. In vielen Restaurants fin-det man Bigoli mit Sardinensugo auf der Karte oder Sardinen vom Grill. Ausgesprochen fein sind auch die frischen Ravioli mit Räucher-fischfüllung.

BAUERNMARKT IN CALMASINO

Regionale Spezialitäten in herrlicher Vielfalt

ADRESSE:
Piazza della Battaglia
37011 Calmasino (VR)
www.verona.coldiretti.it

ÖFFNUNGSZEITEN:
Jeden Samstag 8-13 Uhr

BETRIEB

Ein positives Signal der letzten Jahre: Hier im Veneto hat die Bauernvereinigung Coldiretti in vielen Orten regionale Bauernmärkte aufgebaut, auf denen Erzeuger ihre Waren direkt anbieten können. Vor
allem werden hier Lebensmittel angeboten, manchmal, wie freitags in
Lazise, ist der sogenannte „Km 0-Markt" aber Teil des Wochenmark-
tes, auf dem auch allerlei Andenken und ähnliches angeboten werden.
Der Markt in Calmasino ist einer der größten der Gardaseeregion für
feine, regionale Lebensmittel.

PRODUKTE

Hier gibt es alles, was das Genießerherz begehrt und die Region hergibt. In sagenhafter Frische und – weil direkt von den Produzenten zu
den Konsumenten – zu günstigen Preisen. Kauft man die Produkte
der Jahreszeit, unverfälscht, frisch vom Feld, lernt man wieder, wie
zum Beispiel reif geerntete Pfirsiche oder Aprikosen schmecken können. Zu Obst und Gemüse gesellen sich aber auch Wurstwaren, Käse,
Honig und Marmeladen, Gebäck und Brot. Es gibt von Hand gemachte Tortellini und Ravioli, in der Saison Pilze und Trüffel. Dazu
kommt Fleisch und Wurst von kleinen Betrieben der Region, Käse-
spezialitäten direkt aus den Käsereien der Berge oder auch der Poebene. Toll wäre noch ein Brotzeitstand – aber vielleicht kommt das noch.
Probieren jedenfalls darf man überall an den Ständen.

9 TORTELLINI REMELLI

Tortellini und vieles andere mehr, Genießerparadies

ADRESSE:
Via A. Sala 24
37067 Valeggio sul Mincio (VR)
+39 045 795 16 30
www.pastificioremelli.it

ÖFFNUNGSZEITEN:
Mo-Sa 8-12.30 und 14-19.30 Uhr
Sonntagnachmittag und Montag geschlossen

▌ BETRIEB

Seit 1988 verwöhnen Guido und Luciana Remelli Genießer mit ihren Produkten. Weil man von der Landwirtschaft immer weniger leben konnte, verwandelten sie die regionalen Erzeugnisse nach Rezepten der Großmutter in Delikatessen. Der wunderschöne Laden in einem sorgsam restaurierten alten Gemäuer befindet sich mitten im Zentrum der hübschen Kleinstadt Valeggio sul Mincio.

▌ PRODUKTE

Die Basis waren selbstverständlich die berühmten „Liebesknoten", die Tortellini di Valeggio, die klassischerweise mit drei Fleischsorten (Schwein, Huhn und Rind) und Gemüse gefüllt werden. Doch bei Remellis werden die Tortellini auch mit Entenbraten und Äpfeln, mit Käse vom Monte Baldo und Kräutern oder mit Rinderbraten in Amarone gefüllt. Im Frühling gibt es sie mit Wildkräutern und Ricotta, im Herbst mit Trüffeln oder Steinpilzen gefüllt. Der Teig wird mal mit Kakao, mal mit Sepiatinte, mal mit Roter Bete gefärbt. Zu den vielen weiteren Nudelsorten gesellen sich auch hausgemachtes Gebäck, Wurstsorten, Eingelegtes, Wein, Sirup, Fruchtmarmeladen, Mostarda und noch so vieles mehr, dass hier der Platz nicht ausreicht. Auf außergewöhnliche Qualität, Slow Food-Produkte und Regionalität wird besonders geachtet.

CAFÈ CARDUCCI 🔟

Edle Produkte, genießerische Snacks, feine Küche

ADRESSE:
Via Carducci 12
37129 Verona (VR)
+39 045 803 06 04
www.cafecarducci.it

ÖFFNUNGSZEITEN:
Mo-Sa 7-15 und 17-23
Sonntag und Feiertage geschlossen

BETRIEB

Nicht weit vom Teatro Romano und Giardino Giusti findet man eine „Bottega" der Sonderklasse, das Cafè Carducci. Cafè ist eine charmante Untertreibung, denn hier gibt es nicht nur erlesenes Frühstück, kleine Snacks und eine täglich wechselnde Karte mit ausgezeichneten Speisen, sondern Käse, Weine, Champagner aus Frankreich und Franciacorta aus der Nähe. Seit 1928 betreibt die Familie Bianconi diesen schönen Genusstempel.

PRODUKTE

Freilich findet man hier auch italienische Käse, doch dem französischen, voran dem Camembert, gilt große Aufmerksamkeit. Darüber hinaus gibt es auch erlesene Wurstwaren und. Man sitzt sehr malerisch inmitten von Büchern und beeindruckenden Weinflaschen, kann einen gepflegten Cappucino genießen oder ein Gläschen zur Erfrischung trinken, aber auch wunderbar essen. Hausgemachte Ravioli mit allerlei Meeresfrüchten und mit hiesigem Gemüse, oder Gnocchi mit Trüffel, auch Hauptgerichte wie sanft geschmortem Ossobuco, Lammfilet, Kaninchen. Beeindruckend ist die Auswahl an Weinen, über 600 Posten zählt die Karte und im Keller lagern viele Schätze. Schön, dass es vor allem mittags kleine Gerichte gibt. Schön für eine angenehme Pause, bevor man beispielsweise den wunderschönen Giardino Giusti besichtigt.

11 I SAPORI DEL PORTICO

Käseparadies und Feinschmeckerziel

ADRESSE:

Via S. Francesco 48
37020 Arbizzano (VR)
+39 045 751 30 03
www.saporidelportico.com

ÖFFNUNGSZEITEN:

Mo-Sa 8-13 und 16-19 Uhr
Mittwochnachmittag geschlossen

▎ BETRIEB

Angefangen hat alles mit einem Gemischtwarenladen, der eben von Tabak bis Zahnpasta, von Schinken bis Käse alles Mögliche hatte. Doch dann entdeckte die Familie Bernardinelli den Käse – den von kleinen, handwerklich arbeitenden Betrieben, nicht aus der Großkäserei. Man begann, die besten davon in eigenen Reifekellern reifen zu lassen. Doch es blieb nicht beim heimischen Käse.

▎ PRODUKTE

Zum Käse aus den hiesigen Bergen kamen immer mehr Käsesorten aus dem gesamten italienischen Alpengebiet, dann aus ganz Italien – fast 500 davon gibt es hier, unter ihnen einige, die Slow Food unter besonderen Schutz gestellt hat. Käseliebhaber sind sich einig: Käse ist eines der faszinierendsten Produkte, denn nur aus Milch von Kuh, Ziege und Schaf entstehen hunderte von Sorten, würzig die einen, zart und sanft die anderen. Der Beruf des Käseaffineurs ist einer der spannendsten, denn nach der Produktion kann man Käse auf unterschiedlichste Art reifen lassen. Hier in Arbizzano bekommen Sie eine Käsevielfalt wie kaum sonst. Doch von den Decken des Feinschmeckerparadieses hängen Salami und Schinken, die Regale sind reich gefüllt mit allen Delikatessen aus Italien und anderswo her, die man sich nur vorstellen kann.

MAGOSSO 12
Schatzkammer für Delikatessen

ADRESSE:
*Via Vertua 27
37062 Dossobuono (VR)
+39 045 51 34 92
www.magosso.it*

ÖFFNUNGSZEITEN:
Mo-Sa 8-12.30 und 15-19 Uhr

BETRIEB

Hinter der Kirche in Dossobuono gibt es eine Perle für Genießer, ein Geschäft, das sich ganz bescheiden »Frutta e Verdura Magosso" nennt. Es wird von Gianni Magosso und seiner Familie seit über 40 Jahren mit großem Engagement für beste Produkte geführt – egal, ob es sich um die besten Früchte handelt, die aufzutreiben sind, oder um ganz besondere Spezialitäten, die man sonst kaum findet, oder Wein - welche Auswahl!

PRODUKTE

Es gibt hier in der Tat auch einfach „Obst und Gemüse", aber dazu noch ein reichhaltiges Angebot an quasi allen Spezialitäten, die man in Italien und anderswo finden kann. Es gibt Pasta und Käse, Wurstsorten hervorragender Qualität, Gewürze aller Arten, Hülsenfrüchte, Pralinen und Schokoladen, Kaviar und Trüffel und viele internationale Spezialitäten – man kann nicht alles aufzählen, aber wer etwas Besonderes sucht, wird hier sicher fündig. Herzstück des Ladens sind die Weinregale - die Auswahl hier ist legendär. Man erhält handverlesene Tropfen bester – auch unbekannter – Winzer aus ganz Italien, aber auch Weine und Champagner aus Frankreich. Besonderes Augenmerk wird lobenswerterweise den Erzeugnissen der benachbarten Weinregionen geschenkt; hier kann man sich ausführlich beraten lassen und entdeckt Lieblingstropfen.

13 RISERIA MARTIN GAZZANI

Risottoreis in Bioqualität

ADRESSE:
Bevilacqua 11
37063 Isola della Scala (VR)
+39 045 730 02 56
www.risomartingazzani.it

ÖFFNUNGSZEITEN:
Nach Vereinbarung. Ohne Termin sollten
Sie auf die italienische Mittagspause von
ca. 12.30-15 Uhr Rücksicht nehmen.

BETRIEB

Isola della Scala liegt bereits in der Poebene und hier finden die Risottoreissorten Vialone Nano und Carnaroli beste Anbaubedingungen. Jedes Jahr im September findet ein Reisfestival statt, wo man Risotto in allen Facetten probieren kann. Die Riseria Martin Gazzani hat schon vor einiger Zeit auf biologischen Anbau umgestellt. Werden im Frühjahr nach der Saat die Reisfelder geflutet, werden Karpfen eingesetzt, die auf ganz natürliche Art wirken: sie verspeisen die Schädlinge. So hat man also Reis und Fisch…

PRODUKTE

Es gibt den klassischen Vialone Nano, den Risottoreis mit den runden kleinen Körnern, der Grundlage für wunderbar cremige Risotti ist. Ein Pilzrisotto zum Beispiel wird mit Vialone Nano ideal. Kernig kommt der Reis daher, wird er nicht vollständig geschält, sondern das Silberhäutchen um das innere Korn belassen. Dieser Risottoreis ist ideal für das bekannte deftige Reisgericht der Gegend: den Riso alla Pilota, Reis mit Wurstbrät. Ein Rezept hierzu und viele andere Tipps finden sich auf der Internetseite der Riseria Gazzani – auch viel Information über Reisanbau und die Gegend um Isola della Scala. Den Reis gibt es auch in vielen Bioläden der Region.

BAUERNMARKT IN SAN BENEDETTO

14

Spezialitäten aus der Region in Vielfalt und Frische

ADRESSE:
Via Falcone
37019 Peschiera / San Benedetto (VR)
www.agriturismomantova.it

ÖFFNUNGSZEITEN:
Jeden Donnerstag 8-13 Uhr

BETRIEB

Der Bauernmarkt in San Benedetto ist zwar klein, aber man erhält alles, was die Region hergibt. Der Markt wurde von einer Bewegung aufgebaut, die sich der Förderung des Agriturismo verschrieben hat. Von Mantova aus werden die Erzeuger beraten und in Produktion und Vermarktung unterstützt. Ganz sicher ein Vorbildprojekt, das viele Nachahmer und viele, viele Marktbesucher bekommen soll. Wer im Mai am Gardasee ist, sollte unbedingt die Erzeuger und Bauernhöfe besuchen, die bei „Per corti e cascine" ihre Pforten öffnen.

PRODUKTE

Hier gibt es alles, was das Genießerherz begehrt und die Region hergibt. In sagenhafter Frische und – weil direkt von den Produzenten zu den Konsumenten – zu günstigen Preisen. Kauft man die Produkte der Jahreszeit, unverfälscht, frisch vom Feld, lernt man wieder, wie zum Beispiel reif geerntete Pfirsiche oder Aprikosen schmecken können. Zu Obst und Gemüse gesellen sich aber auch Wurstwaren, feiner Ziegenkäse, Honig und Marmeladen, Gebäck und Brot. Es gibt von Hand gemachte Tortellini und Ravioli, einen Stand mit wunderbaren Zucht-Pilzen, aber auch in der Saison Trüffel. Dazu kommt Fleisch und Wurst vom Corte Acquileia, und sogar Blumen gibt es hier. Probieren darf man überall an den Ständen.

LOMBARDIA

Von den Bergen um Tremosine, den Zitronen am
See bis ins hügelige Valtènesi: Die noble Westseite
des Gardasees

Von Sirmione bis Limone: Vielfalt im Süden und Westen

Streng genommen erreicht nur die Provinz Brescia das Ufer des Gardasees: Von Sirmione bis Limone erstreckt sich das Brescianer Ufer des
Gardasees, mit der größten Stadt am See, Desenzano, dem schönen Salò
und der herrlichen Riviera dei Limoni.

Doch was wäre die Küche am See ohne Torta Sbrisonola, dem mürben
Mandelkuchen, ohne Salame Mantovano, Grana oder Mostarda. All diese
Spezialitäten oder ihre Zutaten stammen aus der Provinz Mantua, die es
um etwa drei Kilometer Luftlinie nicht ganz bis an den Gardasee geschafft hat. Der Mincio fließt, sobald er den Gardasee und Peschiera
verlassen hat, als „Grenzfluss" zwischen den Regionen Veneto und Lombardei und zwischen den Provinzen Verona und Mantua. Mag also die
Entfernung vom See dem Bekanntheitsgrad der Colli Morenici Mantova-
ni, wie die Moränenhügel heißen, abträglich sein, für Genussreisende ist
das ein Vorteil: Dort ist es nicht überlaufen und die Preise so manchen
edlen Weins sind erfreulich niedrig. Noch etwas weiter südlich beginnt
die Heimat des Lambrusco, des prickelnden Roten, der trocken ausgebaut
und sorgsam hergestellt, wieder entdeckt werden sollte.

Der klassische Antipastiteller in dieser Region besteht aus oft hausgemachten Salumi, also verschiedenen Wurstspezialitäten. Als Primo kommen Bigoli all'Anatra, die typischen dicken Eierspaghetti mit Entensugo,
auf die Karte. Auch bei den Secondi dominieren häufig Fleischgerichte,

vom Grill, z.B. der mit verschiedenen Fleischsorten bestückte Grillspieß Spiedo Bresciano oder der Manzo all'Olio, eine Brescianer Spezialität, die im heimischen Olivenöl der Hügel des Valtènesi geschmort wird. Fisch aus dem Gardasee wird in Ufernähe selbstverständlich häufig angeboten. In den vielen Bewässerungsgräben Richtung Mantua tummeln sich Süßwassergarnelen, Saltarei genannt, die knusprig frittiert werden. Und oft gibt es, gerade in und um Mantua, Froschgerichte.

In den Bergen und in der Ebene gibt es auch viel Milchwirtschaft. Die Milch der Kühe um den kleinen Ort Bagolino in den Brescianer Alpen wird zum seltenen Rohmilchkäse Bagoss verarbeitet, hoch über dem Gardasee entsteht die feine Formagella di Tremosine, ausschließlich aus Weidemilch hergestellt. Die Ebene ist Heimat des Grana Padano, der meist in großen Genossenschaftskäsereien produziert wird. Kleinere Betriebe widmen sich dem Ziegenkäse oder auch dem Mozzarella.

Auf den Spuren des Weins kommen wir in das Produktionsgebiet eines regelrechten Modeweins, des Lugana aus der gleichnamigen Region, die sich von Peschiera über das Hinterland von Sirmione bis zum südwestlichen Ende des Gardasees erstreckt. Ein zartfruchtiger Weißwein, vornehmlich aus Trebbiano di Lugana, der vorzüglich zur Gardasee-Küche passt. An das Lugana-Gebiet schließt sich das Valtènesi an, ein entdeckenswertes Hügelgebiet, das die Heimat der Rebsorte Groppello ist. Aus ihr entstehen dichte, charaktervolle tiefrote Weine oder der Chiaretto, der Roséwein, der hier, so sagt man, „erfunden" wurde. Wie am Monte Baldo findet man im Valtènesi auch Trüffel, die man mit etwas Glück sogar auf einem der Bauernmärkte erstehen kann.

ZUTATEN FÜR 4 PERSONEN

250 g Risottoreis (z.B. Carnaroli), ca. 400 g
Hokkaido-Kürbis, 1 Schalotte, Extra Vergine
Olivenöl, Butter, 1 Glas Chiaretto, ca. ½ l
heiße Gemüsebrühe, frisch geriebener
Grana, 200 g Entenleber, 4 Kaffeebohnen,
Fleur de Sel

FÜR DIE KAFFEEREDUKTION: 1 Tasse
Espresso, ½ l Apfelsaft, 10 zerdrückte Kaf-
febohnen, 5 zerdrückte Koriandersamen,
½ Zimtstange, 1 Prise Chili

RISOTTO ALLA ZUCCA, CAFFÈ G. MARTINI E FEGATO D'ANATRA
Kürbisrisotto mit Kaffee und rosa gebratener Entenleber

Die Idee zu diesem Rezept stammt von Saulo Della Valle von der Osteria H₂O in Moniga; er nimmt den Kaffee von der Rösterei "Caffè G. Martini" im nahen Padenghe. Wie guter Kaffee entsteht, können Sie im Interview mit Anita Benedetti, der Allgäuer Kaffeerösterin am Gardasee, lesen.

ZUBEREITUNG

1 Für die Kaffeereduktion alle Zutaten in eine Pfanne geben, sirupartig einkochen lassen und durch ein Sieb passieren.

2 Hokkaido-Kürbis im Ofen weich garen, Kerne und harte Teile entfernen und anschließend das Kürbisfleisch pürieren.

3 Die Schalotte sehr fein würfeln und in Olivenöl vorsichtig anschwitzen. Den Reis dazugeben und leicht rösten, bis er duftet. Dann 1 Glas Chiaretto angießen, die Flüssigkeit verdampfen lassen.

4 Anschließend mit Gemüsebrühe knapp bedecken, immer wieder umrühren, bei Bedarf Brühe nachgießen.

5 Ist der Reis fast gar, das Kürbispüree zugeben, mit Salz, Pfeffer aus der Mühle und ggf. etwas Chili abschmecken. Dann 1 EL Butter, den Grana und einen Schuss bestes Olivenöl zugeben.

6 Die Entenlebern putzen, in Scheiben von ca. 1 cm schneiden und in Butter rosa braten, mit Fleur de Sel und den zerstoßenen Kaffeebohnen würzen.

7 Reis mit der gebratenen Leber und der Kaffeereduktion auf vorgewärmten Tellern servieren.

TIPP

Die Kaffeereduktion passt auch zu Wild, Geflügel, in Vinaigrettes und erstaunlich gut zu gebratenen Garnelen. Sie hält sich, dunkel gelagert, monatelang.

LOMBARDIA
RESTAURANTS

49 LA CANTINA DEL BAFFO

Isidoros neues Werk

PLÄTZE | *40 Innen, 40 Terrasse/Garten*

LAGE | *Am nördlichen Ortsrand von Limone*

PREISNIVEAU | *Antipasti um 11 €, Primi um 11 €, Secondi um 18 €, Dolci 9 €, Weine ab 20 €*

ADRESSE | *La Cantina del Baffo, Via Caldogno 1, 25010 Limone sul Garda (BS), +39 0365 91 40 61, www.lacantinadelbaffo.it*

RUHETAG | *Montag*

BETRIEBSFERIEN | *variabel*

AMBIENTE

Der moderne Betonbau darf einen nicht verwirren: innen ist es elegant, bunt, gemütlich. Es gibt einen Barbereich und dann sehr hübsche Gasträume mit schön eingedeckten Tischen, edlen Gläsern, wie es sich für ein feines Restaurant gehört.

KÜCHE & KELLER

Isidoro Consolini ist wer am Gardasee, einer der – wo immer er auch kocht – gleich allerlei Lob erhält. Ein Stern leuchtete lange Jahre über seinem Restaurant in Torri, dann wollte er ein wenig Pause machen, alles einfacher gestalten, und gleich wurde slow food auf ihn aufmerksam. Seit nicht allzu langer Zeit wirkt er in Limone. Isidoro kocht präzise, er braucht keine „erlesenen Zutaten" wie Hummer oder Kaviar um hervorragendes zu leisten. Wenige Zutaten, die wenn möglich aus der Region und von allerbester Qualität, genauso sorgsam wie kreativ zubereitet – das ist sein Konzept. Ein Lieblingsthema sind Wildkräuter. Den Gardaseefisch serviert er mit frittiertem „Guten Heinrich", der auf Italienisch tatsächlich „Buon Enrico" heißt, knusprige Cannelloni werden mit Wildkräutern vom Monte Baldo gefüllt. Hecht kommt auf zarter, olivenduftender Kartoffelcreme daher, Ravioli werden mit einer Zitronen-Olivencreme gefüllt und mit bestem Trentingrana serviert. Die Weinkarte versammelt nennenswerte Tropfen rund um den Gardasee aber auch aus ganz Italien.

TIPPS & INFORMATIONEN

Seit noch nicht allzu langer Zeit ist die alte Limonaia in Limone wieder restauriert. Hier werden wieder wie früher Zitrusfrüchte kultiviert, allerdings nicht mehr für den Export, denn das lohnt sich schon lange nicht mehr. Äußerst sehenswert ist auch das Museo del Turismo im Zentrum von Limone mit vielen schönen Exponaten und Bildern, Postkarten und Plakaten. Hier sieht man, wie sich in den 1960er Jahren die ersten Campingplätze mit deutschen VW-Käfern füllten.

50 LA MINIERA

Feine Brescianer Küche hoch über dem See

PLÄTZE | *60 Innen, 50 Veranda, 60 Garten*

LAGE | *Mitten in Tignale*

PREISNIVEAU | *Antipasti um 7 €, Primi um 9 €, Secondi um 12 €, Dolci 4 €, Weine ab 10 €*

ADRESSE | *La Miniera, Via Chiesa 9a, 25080 Tignale-Gardola (BS), +39 0365 76 02 25, www.gardaminiera.it*

RUHETAG | *Dienstag*

BETRIEBSFERIEN | *variabel*

AMBIENTE

Im Sommer sitzt man im schönen Garten oder auf der Veranda mit herrlichem Blick auf die Berge. Ist es kühler, wartet drinnen ein schöner Gastraum mit Kamin, in dem jeden Sonntag der traditionelle Brescianer „Spiedo" – der reich bestückte Grillspieß – zubereitet wird. Auch sonst ist es drinnen gemütlich, Weinkisten und viele Flaschen zeugen von einer großen Leidenschaft der Gastgeber für beste Weine.

KÜCHE & KELLER

Immer auf der Suche nach besten Produkten und der kulinarischen Tradition des Gardasees führen Silvia und Sergio das Lokal mit viel Engagement. Alles ist hausgemacht, zum Beispiel ein wunderbarer Risotto mit der hiesigen Zitronat-Zitrone, frittiertem Lauch und Schleienfilets aus dem Gardasee. Doch wir sind hier schon in den Bergen, also gibt es auch heimisches Wild, das zum Beispiel als Rehpflanzerl auf den Tisch kommt oder als Soße zu den selbstverständlich hausgemachten Pastasorten. Die Weinkarte ist reich bestückt, hat bekannte Weine, aber erst recht Weine von zu unrecht unbekannten Weingütern der gesamten Gardasee-Region. Aber es gibt auch eine stattliche Anzahl von Weinen aus ganz Italien. Regelmäßig finden Weinproben statt und es werden Menüs mit der passenden Weinbegleitung angeboten.

TIPPS & INFORMATIONEN

In Tignale gibt es eine kleine Ölmühle, die bestes biologisches Olivenöl aus hiesigen Oliven presst. Dieses Öl verwendet Sergio in seiner Küche, bietet aber auch (nach Voranmeldung) Olivenölverkostungen an. Es würzt die Fischvorspeisen und die köstlichen Bruschette, die hier als Antipasti auf den Tisch kommen. Aber auch der Brescianer Fleischspieß wird mit dem Öl gewürzt, was ihm eine besondere Zartheit verleiht.

51 AL LAMBIC

Hochgenuss in der alten Brennerei

PLÄTZE | *50 Innen, 40 Terrasse/Garten*

LAGE | *Prabione ist ein kleiner Ortsteil von Tignale*

PREISNIVEAU | *Antipasti um 7 €, Primi um 8 €, Secondi um 9 €, Dolci 4 €, Weine ab 13 €*

ADRESSE | *Al Lambic, Via S. Zenone 1, 25080 Prabione di Tignale (BS), +39 0365 734 02, www.agrilambic.it*

RUHETAG | *Montag, Juli-Aug. keiner / nur abends, So mittags geöffnet*
BETRIEBSFERIEN | *Mitte Oktober-Ostern*

AMBIENTE

Der Platz ist einfach traumhaft. Innen sitzt man in urigem Gewölbe oder gleich neben der historischen Brennanlage, wo glänzendes Kupfer von trutzigem Mauerwerk umgeben ist. Schöne alte Möbel und gemütliche Holztische passen bestens dazu. Im Garten genießt man die Ruhe der Berge, auf die man über die alte Kapelle hinweg schaut.

KÜCHE & KELLER

Wirklich die Qual der Wahl, denn alles ist fein, mit viel Liebe zubereitet und aus besten, hiesigen Zutaten. Sei es der marinierte Saibling oder gratinierte Waldpilze, frisches Frühlingsgemüse oder die traditionellen Salumi. Dass man hier Lust hat, traditionelle Gerichte mal ein klein wenig anders zuzubereiten, zeigen die Kastanientortellini mit Bergbauernbutter oder der Risotto mit Roter Bete auf Safransoße. Auch bei den Hauptgerichten fällt die Wahl schwer: zartes Kaninchen oder Bauernente in Wein oder Lachsforelle in Folie. Wenn man Glück hat (oder vorbestellt), nimmt man den traditionellen Grillspieß, da sind dann mehrere Fleischsorten drauf, zart und saftig zugleich, beträufelt mit dem Bio-Olivenöl aus Tignale. Die Desserts, natürlich wie Pasta & Co. hausgemacht, sind alle fein – aber man sollte die eingemachten Birnen mit dem berühmten Hausgrappa probieren.

TIPPS & INFORMATIONEN

„Rugiada delle Alpi" (Tau der Alpen) nennt sich der Grappa der kleinen Brennerei, die hier seit vier Generationen betrieben wird. Die Brennblase, die sich in den Gewölben des schönen Gutshofes befindet, wird mit Holz befeuert. Alles wird hier von Hand gemacht, auch die Etiketten der lediglich 1250 Halbliterflaschen, denn mehr erlaubt das Brennrecht nicht. Wenn Sie also eine Flasche ergattern können, können Sie stolz sein – sie wird auch von Hand mit Ihrem Namen beschriftet!

52 RISTORANTE SOSTAGA

Atemberaubender Blick und feine Speisen

PLÄTZE | *80 Innen, 60 Terrasse/Garten*

LAGE | *8 km oberhalb von Gargnano Richtung Lago di Valvestino*

PREISNIVEAU | *Antipasti um 14 €, Primi um 15 €, Secondi um 25 €, Weine ab 25 €*

ADRESSE | *Ristorante Sostaga, Via Sostaga 19, 25084 Navazzo di Gargnano (BS), +39 0365 79 12 18, www.ristorantesostaga.it*

RUHETAG | *Im Sommer keiner*

BETRIEBSFERIEN | *variabel*

AMBIENTE

Die ehemalige Jagdresidenz der Grafen Feltrinelli liegt hoch über dem Gardasee in einer 40 ha großen Parkanlage. Die Terrasse erlaubt einen wunderbaren Blick über den See, die Räume sind klassisch-elegant eingerichtet, ein Kamin wärmt an kühlen Tagen.

KÜCHE & KELLER

Pierlorenzo Minini hat sich nach Jahren des Reisens und Lernens bei berühmten Köchen den Traum des eigenen Restaurants erfüllt. Hier wird jahreszeitlich und weitgehend nach der Philosophie des „km zero" gekocht. Ein Degustationsmenü für 55 € wird ebenso angeboten wie eine vegane Variante, bei der ein Süppchen aus rosa Linsen mit Quinoa und Safran und eine Wirsingroulade mit Kichererbsen auf Soja-Zucchini-Spaghetti überzeugt. Daneben munden Trüffelrisotto, Kalbsbäckchen mit Kartoffeltörtchen und überbackenem Thymian oder ein geschmortes Huhn mit Pflaumen und Nüssen. Der Gardaseefisch kommt ebenso zu Ehren – Lachsforelle mit Birnen oder Maccheroni mit Hecht und gegrillten Paprikaschoten. Das Karotten-Mandel-Soufflé mit Apfelschaum zum Dessert begeistert die Schleckermäuler. Die Weinkarte zeigt eine kundige Auswahl aus ganz Italien zu angemessenen Preisen, einige Tropfen sind auch als halbe Flaschen erhältlich.

TIPPS & INFORMATIONEN

Mit dem Hecht ist es ja immer so eine Sache – er schmeckt ausgesprochen köstlich, aber er hat fest im Fleisch sitzende y-Gräten, die kaum herausgehen. Die Lösung ist: den Fisch vor der Weiterverarbeitung sanft zu garen. Dann kann man die Gräten zwar nicht ganz mühelos, aber ganz gut herausbekommen. Fisch also in Wein oder Fischfond sanft garen, etwas abkühlen lassen, Gräten entfernen und dann erst weiterverarbeiten. Zum Beispiel wie hier mit Paprikaschoten zu Pasta.

53 AGRITURISMO DEL GUSTO

Ein kleines Paradies in den Bergen

PLÄTZE | *15 Innen, 10 Terrasse/Garten, unbedingt reservieren!*
LAGE | *Ab der Kirche von Montemaderno beschildert*
PREISNIVEAU | *Primi um 10 €, Secondi um 15 €, Dolci 5 €, Weine ab 16 €*

ADRESSE | *Agriturismo del Gusto, Loc. Lintri Montemaderno,*
25088 Toscolano Maderno (BS), +39 331 385 38 17

RUHETAG | *Mittwoch. Nur abends, am Wochenende auch mittags geöffnet.*
BETRIEBSFERIEN | *15. Oktober-15. Dezember*

AMBIENTE

Im Reich von Fiorenzo Andreoni wachsen Kräuter, Gemüse und Obst, es werden Kaninchen, Hühner und Wachteln gehalten, im Tal unterhalb gibt es einen Fischteich mit Saiblingen, man schnuppert Natur, hört das Zwitschern der Vögel und Stille. Ein kleines Paradies. Der einzige Raum beherbergt Küche, Ölmühle, ein Klavier und vier Tische. Draußen auf der Terrasse mit herrlichem Blick auf die Berge befinden sich auch noch einige. Achtung: Abenteuerliche Zufahrt!

KÜCHE & KELLER

Eine Preisangabe zu Antipasti fehlt, denn die kommen kostenlos in Form von selbstgebackenem Brot, hauseigener Oliven- und Tomatenpaste inklusive hauseigenem Olivenöl von genialer Qualität auf den Tisch. Zarteste Tagliatelle werden mit den Eiern der eigenen Hühner hergestellt, im Winter gibt es dazu Trüffel, im Sommer einen Sugo aus frischen Tomaten und Zitronen vom Gardasee. Erfrischender kann ein Primo kaum sein, köstlicher dank vieler Eigelb Nudeln auch nicht. Zu Kaninchen, Wachtel oder Huhn gibt es eigenes Gemüse, zum Dessert hausgemachtes Eis. Eine kleine, aber sehr erlesene Auswahl an Weinen der Gegend vollenden das Glück derer, die hinauf gefunden haben und sich von Fiorenzo in eine ganz andere Welt versetzen lassen. Er macht hier oben alles selbst, er sei Koch, Ober und Tellerwäscher in einem, sagt er schmunzelnd.

TIPPS & INFORMATIONEN

Einige der Köstlichkeiten aus Fiorenzos Produktion kann man auch kaufen, vor allem das edle Olivenöl. Er hat drei Sorten, ein Reinsorten-Casaliva, ein Öl aus der hier heimischen Sorte Gargnà und dann ein sizilianisches Olivenöl der Sorte Tonda Iblea, denn er besitzt auch einen Hain in Sizilien. Dann gibt es – manchmal – eingelegte Gardasee-Kapern, eine Seltenheit, und Oliven- sowie Tomatenpaste, wobei die Tomaten – sonnengetrocknet – von seiner Nachbarin in Sizilien stammen.

54 OSTERIA ANTICO BROLO

Kulinarisches Können im Innenhof

PLÄTZE | *30 Innen, 45 Terrasse/Garten*

LAGE | *Zwischen Giardino Botanico und Vittoriale, beim Rathaus*

PREISNIVEAU | *Antipasti um 11 €, Primi um 12 €, Secondi um 16 €, Dolci 6 €, Weine ab 18 €*

ADRESSE | *Osteria Antico Brolo, Via Carere 10, 25083 Gardone Riviera (BS), +39 0365 2 14 21, www.ristoranteanticobrolo.it*

RUHETAG | *Montag, im Winter Mo-Mi*

BETRIEBSFERIEN | *Januar- Mitte Februar*

AMBIENTE

Oberhalb des Giardino Botanico zwischen hohen Zypressen befindet sich gleich beim Rathaus das Antico Brolo. Der uralte Innenhof wurde wunderschön gestaltet, drinnen reihen sich drei hübsch gestaltete kleine Räume aneinander. Logenplatz ist ein Tisch für zwei Personen auf dem Balkon mit Blick auf all die Herrlichkeit des Gardasees.

KÜCHE & KELLER

Leidenschaft, handwerkliches Können, Kreativität und Bodenständigkeit: Wenn das zusammentrifft, entsteht etwas Wunderbares. Schon beim selbstgebackenen Brot und einem netten Willkommensgruß in Form von Parmesan-Lollies merkt man das. Es geht bei den Antipasti weiter, bei denen wir die „Quattro Assagini", also viererlei Vorspeisen, empfehlen. Ob man dann Bio-Dinkel-Gnocchi oder die hausgemachten Spaghettini mit Trüffeln als Primo wählt oder gleich zum duftenden Rinderbraten in Olivenöl oder Gardaseefisch in Zitronenessenz übergeht, man wird immer aufs Neue überrascht von der Dichte der Aromen und der hinreißenden Präsentation. Für ein Dessert sollte man Platz lassen, Schleckermäuler wählen die Selezione der hausgemachten Dolci. Die Weinkarte versammelt die besten Produzenten des lombardischen Gardasees und darüber hinaus. Eine gute Auswahl von Weinen gibt es auch glasweise.

TIPPS & INFORMATIONEN

Den Gardaseefisch bezieht das Antico Brolo vom Fischladen Castellini in Gardone gleich bei der Ampel. Das Fleisch und die Salami kommen vom Metzger Poli in der Gasse gegenüber des Eingangs zum Vittoriale degli Italiani, wo sich auch der schöne Laden von Karin Steinbacher mit ihrem berühmten Limoncello und anderen Produkten aus den Zitrusfrüchten des Gardasees befindet. Das Olivenöl kommt ebenfalls von hier, von Alessandro Tavernini aus Gargnano.

55 RISTORANTE GABRIELLINO

Das Gabriellino passt zu Gardone: elegant, edel, fein!

PLÄTZE | *30 Innen, 35 Terrasse/Garten*

LAGE | *An der Seepromenade in Gardone*

PREISNIVEAU | *Antipasti um 12 €, Primi um 15 €, Secondi um 22 €, Dolci 10 €, Weine ab 8 €*

ADRESSE | *Ristorante Gabriellino, Lungolago Gabriele d´ Annunzio 42, 25083 Gardone (BS), +39 0365 29 07 46, www.gabriellino.com*

RUHETAG | *Mittwoch*

BETRIEBSFERIEN | *variabel*

AMBIENTE

Ein schöner, liebevoll gestalteter Raum, der trotz aller Eleganz gemütlich ist. Schönes Licht, sanfter Jazz sowie der professionelle und sehr herzliche Service von Alessandro und Massimiliano schaffen Wohlfühlatmosphäre. Sitzt man draußen, fast direkt am See, sieht man die Isola del Garda im Wasser glitzern. Ein Platz zum Genießen mit allen Sinnen.

KÜCHE & KELLER

Wer mal keine Lust auf allzu traditionelle Gardaseeküche hat, geht ins Gabriellino und findet dort ihre elegante Verfeinerung. Schon der Gruß aus der Küche zeigt das Können des japanischen Kochs. Auf keinen Fall sollte man die Antipasti auslassen: Carpaccio von zarten Artischocken oder die rohen Meerestiere, hier mit passenden Soßen verfeinert. Die mit Radicchio di Treviso gefüllten Rote Bete-Ravioli, sind hervorragend, bodenständiger sind die Garganelli mit Entensugo. Bei den Secondi kann man zwischen Edelfleisch oder gekonnt zubereiteten Meeresfischen wählen. Die Dolci klingen zunächst schlicht: Schokotörtchen, Schneeball, Vanilleeis. Doch das Eis besteht fast nur aus Eigelb, beim Törtchen überrascht gekonnte Würze mit Chili und der Schneeball wird – Kontrast für Zunge und Augen – mit frischem Obst umlegt. Eine schöne Weinkarte, die sich auf die bekannten Weingegenden Italiens wie das Friaul oder Piemont konzentriert, aber es gibt auch Gardaseeweine.

TIPPS & INFORMATIONEN

Wer sich etwas Gutes tun möchte, fährt ins Hinterland, nach Vallio Terme. Dort gibt es ein modernes Thermalbad mit all den Angeboten, die Wellness-Fans glücklich machen und einen wunderschönen Park von stattlichen 40.000 Quadratmetern. Außerdem wird das heilende Wasser der nahen Quelle als „L'Acqua Castello delle Terme di Vallio" als Mineralwasser abgefüllt. Man findet es häufig in guten Restaurants. Mehr unter www.termevallio.it

56 IL BAGNOLO

Ein Agriturismo wie im Bilderbuch

PLÄTZE | *80 Innen, 50 Terrasse/Garten*
LAGE | *Ca. 8 km von Salò in die Berge*
PREISNIVEAU | *Antipasti um 8 €, Primi um 9 €, Secondi um 12 €, Dolci 4 €, Weine ab 13 €*

ADRESSE | *Il Bagnolo, Loc. Bagnolo - Frazione Serniga, 25087 Salò (BS), +39 0365 202 90, www.ilbagnolo.it*

RUHETAG | *Dienstag, nur abends, am Wochenende auch mittags*
BETRIEBSFERIEN | *10. Januar-10. März*

AMBIENTE

Schon die Kurven hinauf sind ein Erlebnis, nur ein wenig weg vom See befindet man sich dann in grüner Natur und großer Ruhe. Der urige, liebevoll renovierte Gutshof kann auch als Ausgangspunkt für Spaziergänge und ausgedehnte Wanderungen dienen. Danach genießt man im Garten oder den heimeligen Gasträumen bodenständige, mit viel Liebe zubereitete traditionelle Speisen.

KÜCHE & KELLER

Fatta in casa – hausgemacht kann hier als große Überschrift über allen Speisen stehen. Dazu kommt, dass viele Zutaten aus eigener Produktion stammen, denn sowohl Milchprodukte wie auch Fleisch stammt vom Hof, viel Gemüse kommt aus dem eigenen großen Gemüsegarten. Daraus zaubert die Küche nach Großmutters Rezepten, die man mit ein wenig moderner Eleganz verfeinert hat, dichte Ragouts für die Pastagerichte. Ausgezeichnet der in Rotwein geschmorte Rinderbraten, zart die Kalbshaxe mit gebratenem Gemüse. Fein sind Carpaccio und frisch geschnittenes Tartar, das mit Gardaseezitronen und Olivenöl gewürzt wird. Im Garten und ums Haus wachsen auch Beeren, woraus ein wunderbar saftiger Beerenkuchen entsteht oder hausgemachtes Eis, mit der Milch und der Sahne der eigenen Kühe hergestellt. Der Hauswein ist hervorragend, kein Wunder, denn er wird von Antonio Leali di Monteacuto aus Puegnago del Garda gemacht.

TIPPS & INFORMATIONEN

Viele der Produkte kann man auch kaufen: Wurstwaren wie Salami, Coppa oder Lardo, jeweils mit dem Fleisch der eigenen Tiere und ausschließlich natürlichen Gewürzen hergestellt. Dann gibt es Milch, Butter, Joghurt, Sahne und hausgemachtes Eis. Die Kühe grasen auf der Weide, daher ist ihre Milch auch Grundlage von feinem Käse, wie er eben nur aus der sogenannten „Heumilch" entstehen kann. Hier gibt es Caciotta, der etwa 3 Monate reift, und Bergkäse mit 8 Monaten.

57 VILLA ARCADIO

Elegante Küche im historischen Gemäuer

PLÄTZE | *40 Innen, 40 Terrasse/Garten*
LAGE | *Südlich von Salò in den Hügeln*
PREISNIVEAU | *Antipasti um 20 €, Primi um 18 €, Secondi um 22 €,*
Dolci 12 €, Weine ab 18 €

ADRESSE | *Villa Arcadio, Via Palazzina 2, 25087 Salò (BS),*
+39 0365 4 22 81, www.hotelvillaarcadio.it

RUHETAG | *keiner*
BETRIEBSFERIEN | *21. Dezember - Mitte März*

AMBIENTE

Das herrliche Kloster aus dem 14. Jahrhundert liegt inmitten eines gepflegten Parks. Von der Terrasse hat man einen sagenhaften Blick auf die Bucht von Salò und den Monte Baldo gegenüber. Die historischen Mauern wurden mit sehr feinem Gespür (und einem immensen Einsatz) renoviert. Die Einrichtung hält eine perfekte Balance zwischen modernen Stücken und Antiquitäten. Ein edler Platz zum Wohlfühlen, von der gebürtigen Finnin Jaana liebevoll betreut.

KÜCHE & KELLER

Mit lokalen Produkten, an Frische kaum zu übertreffen, wird hier regionale Küche gepflegt. Es gibt beispielsweise je nach Jahreszeit wechselnde, perfekt zubereitete Risotti oder Pasta, wie etwa Tortelli mit Bagoss, dem edlen Käse aus Bagolino. Liebhaber leichter Kost wählen den Vorspeisenteller mit allerlei Meeresfisch. Die Hauptspeisen entstammen auch mal der internationalen gehobenen Küche – wie etwa Lammkrone mit knackigen Gemüsen. Lobenswert ist die Präsentation der Speisen. Frische Kräuter ebenso wie mancherlei Beeren zum Dessert stammen aus dem wunderschönen Garten. Sehr freundlich kalkuliert sind die Weine aus der an interessanten Tropfen reichen Region des Valtènesi und darüber hinaus. Wer bleiben möchte, mietet eines der 18 komfortablen Zimmer und genießt das Angebot eines 4-Sterne-Hotels.

TIPPS & INFORMATIONEN

Nicht weit von hier, in Gavardo, gibt es ein inzwischen nahezu berühmtes Geschäft: den Mercato Coperto dei Formaggi (Via Molino 3, +39 0365 31110, geöffnet Di-Sa 8-12.30 und 15.30-19 Uhr, Mo nur vormittags). Familie Orioli bietet die besten Käse der Region und lässt sie zum Teil selber in den eigenen Kellern reifen. Es gibt bekannte Käsesorten wie Gorgonzola oder Parmesan in sagenhafter Qualität, aber auch Raritäten wie den berühmten Bagoss mit Safran.

58 RISTORANTE SOGNO

Traumhaftes Wohlfühlen auf dem Steg direkt am See

PLÄTZE | *50 Innen, 60 Terrasse/Garten*

LAGE | *Am Hafen von San Felice mit schönem Blick*

PREISNIVEAU | *Antipasti um 12 €, Primi um 15 €, Secondi um 22 €, Dolci 9 €, Weine ab 19 €*

ADRESSE | *Ristorante Sogno, Via Porto 41, 25010 San Felice del Benaco (BS), +39 0365 621 02, www.ristorantesogno.com*

RUHETAG | *Im Sommer keiner*

BETRIEBSFERIEN | *November bis März*

AMBIENTE

Die wunderbare Lage direkt am See mit einem schönen Blick über das Südufer lässt die Herzen höher schlagen. Die elegante Einrichtung wie die liebevoll angerichteten Teller bieten Schönes für die Augen, bevor sich der Gaumen freut. Man sitzt unter weißem Segeltuch, so nah am See, dass man die Füße fast im Lago baden kann. Die Residence und Hotel Sogno steht für die zur Verfügung, die bleiben wollen.

KÜCHE & KELLER

In der Küche von Massimo Lomazzi steht Frische an erster Stelle. Die Vorspeisen mit rohem Meeresfisch und Krustentieren sind vorzüglich, berühmt ist der Wolfsbarsch im Salzmantel zur Hauptspeise. Vorneweg können Gnocchi mit Gamberi, Lauch, Kürbis und Haselnüssen überraschen oder die Taglierini mit Pfifferlingen und Taubenragout. Wer die fein zubereiteten Fische aus See und Meer lieber durch zart gebratenes Fleisch ersetzen möchte, wird ebenfalls fündig – wie wäre es mit Rinderfilet vom Grill und Kartoffel-Millefeuille oder Lammfilet im Mohnmantel? Zum Nachtisch bietet sich eine reichhaltige Käseplatte mit köstlichen Fruchtmostarde oder warme Apfel-Feigen-Törtchen an. Weinliebhaber finden eine reiche Auswahl italienischer Tropfen zu angemessen Preisen, wobei die Stärke eindeutig bei den Weißweinen liegt. Die exquisite Lage muss man allerdings ein wenig mitbezahlen.

TIPPS & INFORMATIONEN

Bierliebhaber werden im nahen Manerba glücklich. Denn hier hat sich die junge Generation der Familie Avanzi, die man eher als Weinproduzenten kennt, dem Bier gewidmet. Hier gibt es vor Ort gebrautes Hefeweizen, Helles und Dunkles – wer aus Bayern kommt fühlt sich fast wie daheim. Die Brauanlage stammt aus Bamberg. Im Pub kann man auch Bier nach belgischen Rezepten probieren. Zu essen gibt es Schnitzel, Grillhähnchen, aber auch Pizza & Co. Infos unter www.manerbabrewery.it

59 FIOR DI LOTO

Fleisch mit Weltklasse, gekonnt zubereitet

PLÄTZE | *150 Innen, 80 Terrasse/Garten*

LAGE | *Von Puegnago aus beschildert*

PREISNIVEAU | *Antipasti um 9 €, Primi um 9 €, Secondi um 20 €, Dolci 5 €, Weine ab 11 €*

ADRESSE | *Ristorante Fior di Loto, Via dei Laghi 8, 25080 Puegnago (BS), +39 0365 65 42 64, www.ristorantefiordiloto.it*

RUHETAG | *Montag und Dienstag*

BETRIEBSFERIEN | *Im Januar*

AMBIENTE

Der gepflegte Garten ist eine Oase der Ruhe, die Bäume vor der Terrasse sorgen für angenehme Kühle an heißen Tagen, innen dominieren der riesige Grill und eine prall gefüllte Fleischtheke den Raum, der mit alten Bauerngeräten dekoriert ist. Die zurückhaltende Präsentation von Gläsern und Geschirr erlaubt die Konzentration auf die hübsch angerichteten, üppigen Portionen.

KÜCHE & KELLER

Mit Kennerblick ausgewähltes Fleisch aus Italien, Spanien, Schottland, Bayern, das fachmännisch abgehangen wurde, steht hier im Mittelpunkt. Die faszinierende Vielfalt fängt bei den Antipasti an: Carne salada, Culatello di Zibello mit Nuss-Brioche, spanischer Pata negra-Schinken. Als Primi hausgemachte Nudeln oder Risotti mit Pilzen und Trüffeln, Tortellini mit Radicchio Trevisano, ein wenig Gardaseefisch. Zur Hauptspeise vielfältige und begeisternde Zubereitungen von Rind, Schwein, Lamm, nicht nur vom Grill, Schmorbäckchen, Perlhuhn, Spanferkel mit Steinpilzen. Da bleibt kaum Platz für die feinen Desserts, die den frischen Früchten der Saison viel Raum lassen, nicht nur als Dekoration zu Sorbet und Eis. Die Weinkarte bietet über 100 Etiketten aus der Region und ganz Italien, mit einigen interessanten Tropfen aus Frankreich.

TIPPS & INFORMATIONEN

Der Hirschschinken wird hier mit einer interessanten Balsamico-Reduktion mit Waldfrüchten serviert. Dazu nimmt man normalen Balsamico und Beerenfrüchte wie Blaubeeren, schwarze Johannisbeeren oder Brombeeren. Sie lässt man zunächst im Essig ziehen, püriert das Ganze und lässt es dann im offenen Topf sirupartig einkochen. Danach gibt man die Flüssigkeit durch ein Sieb und beträufelt damit Eis, kalten Braten und Schinken oder vorsichtig dosiert auch Meeresfrüchte.

LOMBARDIA

60 TRATTORIA ALLE TROTE
Frische Forellen vom Feinsten

PLÄTZE | *150 Innen, 100 Terrasse/Garten*
LAGE | *Zwischen Salò und Gavardo*
PREISNIVEAU | *Antipasti um 10 €, Primi um 11 €, Secondi um 12 €, Dolci 6 €,*
Weine ab 17 €

ADRESSE | *Trattoria Alle Trote, Via Bariaga 24, 25085 Gavardo (BS),*
+39 0365 312 94, www.trattoriatrote.it

RUHETAG | *Dienstag, Nov.-März auch Montag abend*
BETRIEBSFERIEN | *variabel*

AMBIENTE

Wenn man den Tipp zu einem Fischrestaurant von einem hiesigen Fischhändler bekommt, dann muss der Fisch gut sein. Heini und Elsa vom „Fischheini" also meinten: „Sagenhaft saftig, die Forellen, toll die Vorspeisen. Du siehst, wie die Fische draußen in geräumigen Zuchtbecken schwimmen. Man sitzt wunderschön, ganz elegant. Wir gehen dort immer hin, wenn wir am Gardasee sind. Am liebsten mit vielen Freunden und dann stehen die feinen Speisen in großen Platten in der Mitte vom Tisch und jeder nimmt sich. Einziger Nachteil: Man isst zu viel, weil es so gut ist."

KÜCHE & KELLER

Und in der Tat: Die Fische sind tagesfrisch und werden zu feinen Vorspeisen verarbeitet, mariniert, geräuchert und mit bestem Olivenöl auf den Tisch gebracht oder als zarte Forellencreme zur hausgemachten Pasta gereicht. Sodann gibt es sie als Hauptspeise in allen erdenklichen Arten: in Folie mit Gemüse gedünstet, gegrillt, mit Kapern oder in Kräuterkruste. Es gibt aber auch Fleischgerichte wie Gänseschinken als Vorspeise, Bigoli mit Entensugo als Primo oder gefüllte Perlhuhnbrust. Doch auch Meeresfische und Krustentiere werden kreativ zubereitet. Wo es viel Fisch gibt, legt man großen Wert auf die Auswahl an Weißweinen – sie stammen, wie die Roten und Rosés auch, von den besten Produzenten der Gegend und aus ganz Italien.

TIPPS & INFORMATIONEN

Es gibt Leute, die meinen, man könne nur Meeresfisch roh essen. Doch auch Forellen, Lachsforellen oder Saiblinge schmecken roh vorzüglich. Zum Beispiel dünn geschnitten als Carpaccio mit Zitrusfrüchten. Dazu Zitronensaft auspressen, mit etwas Olivenöl, Salz und Pfeffer würzen. Den Saft sowie einige Zitronen- und Orangenfilets über die Forellen geben. Sofort servieren, denn der Fisch „gart" durch die Säure der Zitrone.

61 DALIE E FAGIOLI

Die Blume und die einfache Bohne: Einfache Produkte erlesen zubereitet.

PLÄTZE | *60 Innen, 50 Terrasse/Garten*
LAGE | *Von Süden kommend am Ortsausgang von Manerba*
PREISNIVEAU | *Antipasti um 9 €, Primi um 9 €, Secondi um 13 €, Dolci 6 €, Weine ab 18 €*

ADRESSE | *Dalie e Fagioli, Via Campagnola 45, 25080 Manerba (BS), +39 0365 190 33 11, www.dalieefagioli.it*

RUHETAG | *Donnerstag*
BETRIEBSFERIEN | *Zwei Wochen im November*

AMBIENTE

Von draußen fällt das ungewöhnliche Logo zum ungewöhnlichen Namen des Lokals auf: mit Dahlien und – jawohl – Bohnen ist die ansonsten gelbe Hauswand geziert. Drinnen findet man einen langgestreckten, hübschen Gastraum. Ganz hinten ein Blick in die Brotbackstube.

KÜCHE & KELLER

Bei einem Brotbackkurs haben sich Antonella und Fabio kennen und lieben gelernt. Zwei leidenschaftliche Gastronomen haben sich getroffen. Fabio Mazzolini kennen Gourmets vom Quintessenza in Moniga, wo er sich einen Michelin-Stern erkocht hat. Diese Handschrift merkt man nun zur Freude der Genießer im neuen Lokal. „Tonno di coniglio", zartest geschmortes Kaninchen, beinahe schmelzende Wachteln auf duftigem Kartoffelschaum, „Spiedo di Ravioli", verschieden gefüllte und harmonisch aufeinander abgestimmte gefüllte Nudeln. Und immer wieder merkt man den süditalienischen Einfluss durch Antonella, hausgemachte Hartweizen-Penne aus dem seltenen apulischen Grano Arso, Gardasee-Sardinen sowie eingesalzene Sarde aus dem Meer. Erlesene Weine (nicht nur) aus ganz Italien, kenntnisreich präsentiert von Sommelière Simona.

TIPPS & INFORMATIONEN

Antonella und Fabio stellen einige Produkte her, die man kaufen kann. Auch hier merkt man den Einfluss von Nord und Süd. So gibt es etwa „Polvere di arance" zu kaufen oder Orangenmarmelade mit Lavendel, außerdem hausgemachte Hartweizenpasta, aber auch Mostarda und das eigene Olivenöl aus Polpenazze. Schließlich diverse Mehle, damit man mancherlei Spezialitäten zuhause nachmachen kann, zum Beispiel den geräucherten dunklen Grano Arso, aus dem hier Grissini gemacht werden.

62 # DA RINO

Sonniger Garten direkt am See und frischer Fisch

PLÄTZE | *60 Innen, 80 Terrasse/Garten*
LAGE | *Direkt am See in Manerba*
PREISNIVEAU | *Antipasti um 8 €, Primi um 10 €, Secondi um 15 €, Dolci 5 €,*
Weine ab 16 €.

ADRESSE | *Ristorante Da Rino, Via Belvedere 86, 25080 Manerba del Garda*
(BS), +39 0365 551125, www.ristorantedarino.it

RUHETAG | *Dienstag, im Sommer keiner*
BETRIEBSFERIEN | *variabel*

AMBIENTE

Es ist immer schön, wenn man direkt am See etwas Gutes zu essen bekommt, frisch zubereitet und mit großer Freundlichkeit serviert. Das Da Rino ist ein gutes Beispiel, dass die Zeiten von Fertigpizza so langsam zu Ende gehen. Sitzt man draußen, blickt man auf den kleinen, hübschen Hafen, den See und die Berge und kann die Füße fast im See baden. Drinnen ist es gemütlich und gleichzeitig edel.

KÜCHE & KELLER

Hier dominiert frischer Gardaseefisch. Auftakt könnte das „Antipasto Marino" sein, ein Teller mit vielen Leckereien vom Fisch, dazu hausgebackene Focaccia. Wer keinen Fisch mag, kann Bruschette oder ausgezeichneten Schinken bestellen. Hausgemachte Primi werden mit feinen Fischsoßen serviert – aus Gardasee- oder Meeresfisch, doch es gibt auch Tortellini mit Kürbis- oder Fleischfüllung. Fein waren der im Ofen zubereitete Persico, der Barsch aus dem See, und die Gardasee-Sardinen vom Grill. Schön auch, dass es für Kinder oder weniger hungrige Mägen kleine Gerichte wie gefülltes Omelette mit Käse und Schinken oder überbackene Toasts gibt. Als Dessert gibt es Käse, aber auch Süßes wie Salame cioccolato oder Obstsalat im Hippenteig. Auf der reichhaltigen Weinkarte findet man interessante Tropfen der Gegend, aber auch eine schöne Auswahl an Weinen aus anderen Regionen Italiens.

TIPPS & INFORMATIONEN

Ein kleines Rezept für Resteverwertung edler Art: Reste von gegrilltem oder auch gedünstetem Fisch vollständig entgräten und in mundgerechte Stücke zupfen. Mit Rucola oder anderen Blattsalaten, vielleicht ein paar rohen Zucchinistreifen und Kirschtomaten, vermischen und mit Zitronen-Olivenöl und etwas Pfeffer würzen. Eine Stunde im Kühlschrank durchziehen lassen und mit einem schönen Chiaretto aus dem Valtènesi servieren.

63 TAVERNA PICEDO

*Selbst wenn man zu Fuß vom See hierher laufen müsste:
Jeder Schritt würde sich lohnen!*

PLÄTZE | *80 Innen, 80 Terrasse/Garten*
LAGE | *Mitten in Picedo*
PREISNIVEAU | *Antipasti um 9 €, Primi um 10 €, Secondi um 17 €, Dolci 6 €,
Weine ab 13 €*

ADRESSE | *Taverna Picedo, Via Sottoraso 7, Loc. Picedo, 25080 Polpenazze
del Garda (BS), +39 0365 67 41 03, www.tavernapicedo.it*

RUHETAG | *Montag Mittag*
BETRIEBSFERIEN | *variabel*

AMBIENTE

Die Plätze verteilen sich auf mehrere Gasträume. Im Erdgeschoß ein heimeliges Gewölbe mit Kamin, davor eine weite, schöne Terrasse mit viel Grün. Das ganze wiederholt sich im Obergeschoß, nur dass man von der etwas kleineren Terrasse oben eine herrliche Sicht über Olivenhaine und den See hat.

KÜCHE & KELLER

Es gibt Restaurants, da freut man sich einfach. Erst darüber, dass man ein wenig im Hinterland so etwas Nettes entdeckt hat, dann, weil die Gaststube so schön ist, im Winter der Kamin prasselt, es im Sommer geräumige Terrassen gibt. Dann freut der Blick in die Speisekarte, auf den Brotkorb mit feinen, hausgebackenen Brotsorten. Es gibt Gemüse in zartestem Tempura-Teig, Meeres- und Gardaseefisch, hausgemachte Salami oder Artischocke mit Bagoss-Creme. Es freut, dass die Soßen zu den Primi mal ein wenig anders sind. Abwechslungsreiche Secondi, zum Beispiel zartes Lamm mit Ofengemüse, darüber das sagenhafte Olivenöl vom Nachbarn. Der Weinkeller ist üppig gefüllt, selbstverständlich mit Weinen aus dem Valtènesi, den anderen Weingebieten am Gardasee und darüber hinaus. Sehr fein und wiederum hausgemacht ist das Gebäck zum Caffè. Man merkt einfach, dass Stefano Slaviero, Koch und Patron, Freude am Verwöhnen der Gäste hat!

TIPPS & INFORMATIONEN

Das Restaurant ist auch Enoteca, die Weine kann man auch kaufen. Besonders empfiehlt Stefano den Wein des Demeter-Weinguts Le Sincette (das früher Cascina La Pertica hieß), insbesondere den heimischen Groppello und den Chiaretto. Das Weingut befindet sich gleich unterhalb von Picedo. Am Tisch steht das feine Olivenöl des anderen Nachbarn Antonio Bianchi von der Azienda Agricola I Lecci. Probieren darf man auch das edle „No. 1"-Olivenöl von Comincioli oder dessen sagenhaften Chiaretto.

LOMBARDIA

64 AGRITURISMO UNICORNO

Frische Bioküche im altehrwürdigen Gemäuer

PLÄTZE | *20 Innen, 20 Terrasse/Garten*

LAGE | *Unweit von Padenghe in Bedizzole im Valtènesi*

PREISNIVEAU | *4-Gang Menü ab 40 €, Weine ab 18 €*

ADRESSE | *Agriturismo Unicorno, Via Quarena 17, Loc. Macesina, 25081 Bedizzole (BS), +39 030 67 43 39, www.unicorno.eu*

RUHETAG | *Im Sommer keiner, nur abends, unbedingt reservieren!*

BETRIEBSFERIEN | *November bis vor Ostern*

AMBIENTE

Die nachhaltig durchgeführte Renovierung lässt den Palazzo aus dem Jahre 1654 wieder in seiner vollen Schönheit erstrahlen. Im herrlichen Gewölbe befindet sich das Speisezimmer, doch meistens kann man draußen, unter dem romantischen Portico, die feine Küche des Hauses genießen. Bitte unbedingt vorbestellen, es gibt ein jeweils nach Tagesangebot wechselndes 4-Gang Menü mit passenden Weinen.

KÜCHE & KELLER

Hier gibt der große Bio-Garten den Ton an, die vielen Bio-Früchte und Gemüse werden täglich frisch geerntet und verarbeitet. Auch die meisten weiteren Zutaten stammen vom eigenen Hof oder von anderen Bauern der näheren Umgebung. Die Salami, Coppa sowie Pancetta, die als Antipasto serviert werden, sind hausgemacht, ebenso wie etwa die Tagliatelle mit Gartenkräutern oder Ravioli mit Fleisch- oder Gemüsefüllung. Oft gibt es auch einen Risotto mit dem hauseigenen Groppello, in dem wiederum auch Rindfleisch zart geschmort wird. Die feinen Gemüsebeilagen entstammen ebenfalls dem Garten und werden wie die Salate mit dem eigenen Olivenöl gewürzt. Ebenfalls aus Eigenbau kommen die Früchte für die hausgemachten Sorbets. Dazu gibt es den hauseigenen Rosato, den Groppello im Edelstahltank oder im Barrique ausgebaut. Krönender Abschluss sind die Fruchtbrände oder Grappe des Hauses.

TIPPS & INFORMATIONEN

Im eigenen Hofladen »La Bottega« kann man die Produkte des Hauses erwerben, wie etwa die Weine, Grappe und Obstbrände sowie die hausgemachten Liköre wie Limoncello oder Nocino. Des Weiteren gibt es Bio-Marmeladen, das eigene Olivenöl sowie weitere Geschenkartikel (telefonische Anmeldung ist erwünscht). Die Gastgeberin ist Schweizerin und spricht Deutsch, Französisch, Italienisch, Englisch und Spanisch. Wer bleiben möchte: Es gibt 10 liebevoll eingerichtete Zimmer.

65 RISTORANTE SAN ROCCO

Genuss im Olivenhain

PLÄTZE | *50 Innen, 50 Terrasse/Garten*

LAGE | *An der Straße von Padenghe nach Soiano*

PREISNIVEAU | *Antipasti um 10 €, Primi um 11 €, Secondi um 16 €, Dolci 6 €, Weine ab 13 €*

ADRESSE | *Ristorante San Rocco, Via Avanzi 15, 25080 Soiano del Lago (BS), +39 0365 50 22 31, www.residencesanrocco.it*

RUHETAG | *Montag, Juli - August keiner*

BETRIEBSFERIEN | *Keine, abends und Sonntagmittag geöffnet*

AMBIENTE

Die beeindruckenden Gewölbe beherbergten im 13. Jahrhundert ein Franziskanerkloster. Heute kommt hier der Gardaseefisch zu Ehren. Die schönen Räume öffnen sich zu einer großen Terrasse unter Arkaden und der Blick geht auf die Olivenhaine der Ölmühle Manestrini, die gleich nebenan die Oliven des Gardasees in "flüssiges Gold" verwandelt.

KÜCHE & KELLER

Unser Koch braucht viel Öl, lacht Nicoletta Manestrini. Hier wird nur das hauseigene edle Olivenöl verwendet. Insbesondere die Fische des Gardasees erfahren durch verfeinerte Traditionsküche ihre Veredelung, wie etwa der Coregone (der Döbel) mit einem olivenduftenden Kartoffelpüree oder die Fischsuppe nach Art der Fischer vom Gardasee. Genial der Hecht, der hier mal nicht mit Kapern mariniert, sondern mit Paprikagemüse serviert wird. Wer keinen Fisch mag, kann Carpaccio oder Rinderfilet mit glasierten Zwiebeln wählen. Es gibt auch vegetarische Speisen wie etwa Eiertagliatelle mit Gartengemüse und günstige Kinderteller. Dessertliebhaber freuen sich über ein sehr feines Semifreddo di Caffè. Auch auf der Weinkarte versammeln sich die Erzeugnisse der direkten Umgebung: charaktervoller Groppello, feiner Chiaretto oder fruchtig-zarter Lugana, auch glasweise ausgeschenkt.

TIPPS & INFORMATIONEN

Urlauber werden hier rundum glücklich. Die Residence San Rocco bietet Zimmer und Appartements, der Blick von der Terrasse sucht seinesgleichen. Vor wenigen Jahren kam noch ein Pool dazu, und so schwimmt man nun im Olivenhain. Die Ölmühle hat unterhalb der Residence und des Restaurants einen schönen Laden, in dem Olivenöl, aber auch vielerlei andere Spezialitäten sowie hübsche Accessoires aus Olivenholz verkauft werden.

66 L'OSTERIA H$_2$O

Gar nicht vom Winde verweht

PLÄTZE | 45 Innen, 30 Terrasse/Garten

LAGE | *Vom Süden kommend kurz vor Moniga an der Gardesana*

PREISNIVEAU | *Antipasti um 14-23 €, Primi um 13 €, Secondi um 22-30 €, Dolci 8-10 €, Weine ab 15 €*

ADRESSE | *L`Osteria H$_2$O, Via Pergola 10, 25080 Moniga del Garda (BS), +39 0365 50 32 25, www.losteriah2o.it*

RUHETAG | *Montag*

BETRIEBSFERIEN | *variabel*

AMBIENTE

Sowohl vom elegant eingerichteten Speiseraum wie auch von der Terrasse hat man herrlichen Seeblick. Das neue Domizil von Saulo und Michele befindet sich nun nicht mehr versteckt zwischen den Häusern, sondern an der Hauptstraße kurz vor Moniga. Aus „Suer e Garbino" ist die Osteria H$_2$O geworden.

KÜCHE & KELLER

Saulo muss bei meiner Frage lachen. Doch, doch, antwortet er, bei uns gibt es eine Weinkarte, etwa 80 Positionen, Weine vom Gardasee aber auch aus ganz Italien und ein wenig auch aus anderen europäischen Ländern. Auch der Stil unserer Küche, sagt er, ist gleich geblieben: traditionelle Gerichte mit ein wenig Innovation, sei es bei der Kombination oder bei der Art der Zubereitung. Auf den Namen sind wir gekommen, weil wir nun den See so schön sehen und außerdem befindet sich im Garten ein Springbrunnen, der im Sommer erfrischt. Wie die Verbindung von regionalen Gerichten und Kreativität schmeckt, können Sie mit Saulos Rezept auf Seite 182 nachkochen – er kombiniert den klassischen Mantuaner Kürbis mit einer Kaffeereduktion und gebratener Entenleber (Saulo nimmt Entenstopfleber). Doch auch weiterhin wird sowohl dem Gardasee- als auch dem Meeresfisch große Aufmerksamkeit geschenkt.

TIPPS & INFORMATIONEN

Wenige hundert Meter entfernt gibt es einen ganz besonderen Spezialitätenladen namens Garda e Vino. Dort gibt es in herrlicher Auswahl alles, was rund um den Gardasee produziert wird. Es gibt Wein aus allen Anbaugebieten um den See, selbstverständlich auch Olivenöl verschiedener Ölmühlen, eingelegte Gemüse, Mostarde, Marmeladen, Gebäck und an manchen Tagen sogar frisches Bio-Brot.

67 AGRITURISMO PRATELLO

Bioküche in edlem Ambiente

PLÄTZE | *80 Innen, 80 Terrasse/Garten*
LAGE | *Oberhalb von Padenghe, beschildert*
PREISNIVEAU | *Vom kleinen Degustationsmenü für 12 € bis zum
opulenten für 65 €.*

ADRESSE | *Agriturismo Pratello, Via Pratello 26, 25080 Padenghe (BS),
+39 030 990 70 05, www.pratello.com*

RUHETAG | *Mittwoch, Juli-August keiner*
BETRIEBSFERIEN | *variabel*

AMBIENTE

In einer beeindruckenden Landvilla von einem herrlichem Park umgeben befindet sich ein Biobetrieb der Sonderklasse. Man produziert
hier Wein, Olivenöl, Marmeladen und Mostarde, sogar Wolle von den
Alpakas, die man bestaunen kann, gibt es hier. Im lichtdurchfluteten
Raum mit vielen Fenstern speist man unter der malerischen Balken-
decke oder draußen auf den großen Terrassen.

KÜCHE & KELLER

Das meiste, was hier in die Küche kommt, wird auch am Hof produziert, anderes von befreundeten Biobetrieben bezogen. Es gibt verschiedene „Menüs", vom kleinen bis zum opulenten Degustationsmenü. Vorspeise sind verschiedene eingelegte Gemüse mit den feinen
Salamisorten des Hauses. Die Primi sind selbstverständlich hausgemacht und werden mit Gemüse der Jahreszeit wie etwa mit Radiccio
im Winter oder frischen Tomaten im Sommer, Pilzen im Herbst serviert. Im Sommer wird Fleisch draußen auf dem großen Grill zubereitet, im Winter brodelt Bollito oder Ossobuco auf dem Herd oder es
wird der berühmte Spiedo serviert, immer begleitet von reichlich Gemüse, gewürzt mit dem eigenen Olivenöl. Hausgemachte Kuchen
oder Fruchtsorbets runden das Menü ab. Dazu gibt es die hauseigenen Weine, einen frischen Lugana, einen zartfruchtigen Chiaretto
oder einen kräftigen, roten Rebo namens „Nero per Sempre".

TIPPS & INFORMATIONEN

Die Produkte des Bio-Gutes kann man nicht nur
im Restaurant genießen, sondern selbstverständlich
auch kaufen. Die Oliven für das Öl werden innerhalb
von maximal 24 Stunden verarbeitet, Garantie für
beste Qualität. Fein die Marmeladen aus weißen
Johannisbeeren, Himbeeren oder Blaubeeren,
Fruchtaufstriche aus Kaki oder „Giuggiole", einer
Herbstfrucht, die es nur noch selten gibt. Schließlich die oben schon erwähnten Weine, Weiße, Rote
und prickelnde Spumante.

68 LINUS REVOLUTION

Vom Frühstück bis zum Late Night Dinner – hier gibt's für jeden was von früh bis spät

PLÄTZE | *200 Innen, 100 Terrasse/Garten*

LAGE | *An der Ortsdurchfahrt Richtung Verona*

PREISNIVEAU | *Antipasti um 12 €, Primi um 10 €, Secondi um 18 €, Weine ab 15 €, Mittagsgerichte um 9 €, Pizza ab 6 €*

ADRESSE | *Linus Revolution, Via Curiel 6, 25015 Desenzano (BS), +39 030 912 37 53, www.revolutionristorantepizzeria.it*

RUHETAG | *Keiner, von 7-24 Uhr durchgehend geöffnet*

BETRIEBSFERIEN | *keine*

AMBIENTE

Wo heute der Gastronomiebetrieb mit seinem „revolutionären" Konzept untergebracht ist, befand sich früher die Schiffswerft Moretti. Die großen Räumlichkeiten atmen schickes Industriedesign, sind aber trotzdem gemütlich und punkten mit schönen Accessoires.

KÜCHE & KELLER

Das revolutionäre und gut angenommene Konzept besteht darin, dass man den ganzen Tag etwas zu essen oder zu trinken bekommt. Bis mittags gibt es Frühstück „italienisch", aber auch mit Wurst und Käse, Croissants und Saft. Bereits ab dem späten Vormittag erhält man kleine Gerichte wie Lasagne, Pasta mit frischen Soßen oder schöne Salate. Empfehlenswert auch das ausgezeichnete kleine Mittagsangebot schon ab 6,90 € (Pasta, Salat, Wasser und Caffè). Sodann gibt es hier ganztägig Pizza – zum Teil als Pizza „Gourmet" mit frischen Meeresfrüchten oder rosa gebratenem Thunfisch belegt. Auch nachmittags kann man jederzeit essen (Pasta, Pizza, Salate). Am Abend verwandeln sich die stylishen Räume in ein Restaurant mit modern-edler Karte, auf der man Carpaccio vom Schwertfisch oder lauwarme Meeresfrüchte, Ravioli mit Barben oder Risotto mit Zitrusfrüchten, Meeresfrüchtespieß und Lammcarré findet. Dazu erlesene, nicht ganz billige Weine aus den bekannten Weingegenden Italiens sowie Champagner.

TIPPS & INFORMATIONEN

Jeweils Dienstagvormittag findet in Desenzano der Wochenmarkt statt. Er ist der größte am Gardasee – so wie auch Desenzano die größte Stadt am Lago ist! Hier gibt es wie überall auf italienischen Märkten Haushaltsgeräte, Schuhe, Kleider und vieles mehr. Aber auch der schöne Bereich mit zahlreichen Lebensmittelständen ist lohnenswert. Man findet Gemüsehändler, Käse von Alpe del Garda, frischen und gebratenen Fisch, Wurst und Fleisch, Biospezialitäten, Blumen und Pflanzen.

69 RISTORANTE FRANCESCO

Leidenschaftliche Fischküche

PLÄTZE | *60 Innen*

LAGE | *Am Kreisverkehr an der Gardesana*

PREISNIVEAU | *Antipasti um 11 €, Primi um 10 €, Secondi um 12 €, Dolci um 5 €, Weine ab 10 €*

ADRESSE | *Ristorante Francesco, Via Marconi 20, 25050 Padenghe sul Garda (BS), +39 030 990 06 06, www.ristorantefrancesco.net*

RUHETAG | *Mittags keiner, Mo-Mi abends geschlossen*

BETRIEBSFERIEN | *variabel*

AMBIENTE

Liebhaber von schlichtem Design und großer Ruhe sollten hier vielleicht nicht hingehen. Aber sie verpassen etwas –nämlich freundlichsten Service, lebendige Italianità und – vielleicht mal laute – Quirligkeit bei bester Küche.

KÜCHE & KELLER

Öffnet man die Speisekarte, merkt man sofort: Da kocht jemand mit Liebe und Kreativität. Fisch gibt hier eindeutig den Ton an, vor allem Meeresfisch, denn der ist hier in exzellenter Qualität zu bekommen. Unbedingt empfehlenswert sind die gemischten Vorspeisen, eine ganze Serie von Salaten, gratinierten Muscheln, kleinen gefüllten Fischen und vielem mehr füllt den Tisch nach und nach. Die Primi sind hausgemacht – egal ob Tagliatelle oder gefüllte Nudeln mit exquisiten Soßen. Etwas ganz besonderes sind die Kartoffelgnocchi, die in der kalten Jahreszeit mit Olivenpaste, im Sommer auch mal mit pürierten Karotten zubereitet werden – jeweils mit feiner Soße aus Fisch oder Meeresfrüchten. Als Hauptspeise gibt es Fisch im Salzteig, erlesenes Fritto Misto, aber auch ein wenig Fleisch. Für Süßmäuler hält Marco hausgemachte Semifreddi, Tiramisù oder auch ausgezeichnetes Gebäck bereit. Die Weinauswahl ist zwar begrenzt, aber erstens ist der Hauswein bestens und zweitens findet man gute Tropfen aus der Gegend. Die hausgemachten Liköre sollte man sich keinesfalls entgehen lassen.

TIPPS & INFORMATIONEN

Die Kartoffelgnocchi mit „Geschmack" (zum Beispiel mit Olivenpaste) kann man gut selbst zubereiten. Dazu Olivenpaste mit etwas heißem Wasser aufmixen, Ei und durchgepresste, gekochte Kartoffeln dazu. Ist die Masse zu feucht, ggf. mit Kartoffelmehl binden. Dann Gnocchi formen und in heißem Wasser vorsichtig sieden. Dazu passen Garnelen und rohe Tomatenwürfel. Im Sommer kann man die Gnocchi auch einmal mit pürierten Karotten oder Zucchini zubereiten.

70 TRATTORIA DALL' ABATE

Fischliebhabers Paradies

PLÄTZE | *28 Innen; 20 Terrasse/Garten*

LAGE | *An der verkehrsberuhigten Hauptstraße*

PREISNIVEAU | *Antipasti um 12 €, Primi um 12 €, Secondi um 20 €, Dolci 6 €, Weine ab 12 €, Mittagsmenü 12 Euro inkl. Wein!*

ADRESSE | *Trattoria Dall´Abate, Via Agello 24, 25015 Rivoltella (BS), +39 030 990 24 66, www.trattoriadallabate.com*

RUHETAG | *Montag*

BETRIEBSFERIEN | *variabel*

AMBIENTE

Die Familie Abate betreibt schon seit Jahrzehnten den schönen Fischladen, der unweit der Trattoria liegt. Paolo Abate eröffnete schließlich
2012 eine Trattoria dazu. Gleich am kleinen Platz von Rivoltella, wenige Meter vom See entfernt, wurde ein kleiner Raum hübsch-elegant
renoviert. Im Sommer sitzt man davor und schaut den Leuten beim
Flanieren zu.

KÜCHE & KELLER

Paolo fand mit Edoardo Nizzola einen begabten Koch, der mit großer
Kreativität, Liebe und Sorgfalt Fisch zubereitet. Es gibt allerdings
immer auch etwas Vegetarisches und ein Fleischgericht, doch Fisch
dominiert. Auch beim Mittagsmenü, wo Primo, Secondo und Dolce
inklusive Wasser, Wein und Caffè für sagenhaft günstige 12 Euro angeboten werden. Doch ein Blick auf die Speisekarte sagt: Wiederkom-
men und die erlesenen Speisen der Karte genießen. Es gibt vorwie-
gend Meeresgetier, das hier in einer Frische angeboten wird, wie sonst
selten. Die Vorspeise mit vielerlei rohem Fisch wird mit knackigem
Gemüse und feinen Soßen angerichtet. Es gibt zartestes Fischtempu-
ra, konzentrierte Fischsuppen, Edelfisch und Gartengemüse vom
Grill, hausgemachte Pasta mit Hummer oder Gnocchi mit Tintenfischtinte und frischen Muscheln. Dazu kann man schöne Weine der
Gardasee-Region und Franciacorta genießen.

TIPPS & INFORMATIONEN

Das Fischgeschäft der Abates befindet sich nur
einige hundert Meter weiter im kleinen Einkaufs-
zentrum „Gli Smeraldi". Freilich erhält man hier
auch fangfrischen Gardaseefisch, doch man hat
sich vor allem auf Meeresgetier allererster Qualität
spezialisiert. Für alle, die keine Lust zum Kochen
haben: Hier gibt es frische, hausgemachte Fischsalate, Fischsoßen für Primi, fertige Fischgerichte
erlesener Qualität und jede Menge ausgezeichnete
Fischkonserven.

71 LA TAVERNA DEL LAGO

Tradition ganz nah am See

PLÄTZE | *35 Innen, 20 Terrasse/Garten*

LAGE | *In Rivoltella fast am See*

PREISNIVEAU | *Antipasti um 8 €; Primi um 8 €; Secondi um 12 €; Dolci 5 €;*
Weine ab 10 €

ADRESSE | *Taverna del Lago, Via Parrocchiale 58, 25015 Rivoltella (BS),*
+39 030 911 09 26, www.latavernadellago.it

RUHETAG | *Dienstag*

BETRIEBSFERIEN | *variabel*

AMBIENTE

Draußen gibt es eine große überdachte Veranda. Man sitzt quasi am Geschehen, schaut den Leuten auf der kleinen Piazza zu und genießt bestes Essen und guten Wein. Wenige Meter weiter stauen sich bisweilen die Autos auf der Hauptstraße und kaum einer hält zur Einkehr an. Rivoltella ist halt einfach nur ein kleiner Ort zwischen den touristischen Zentren, der sich aber inzwischen mausert. Die beiden kleinen Räume drinnen sind einfach, aber gemütlich.

KÜCHE & KELLER

Sagenhaft günstig und sagenhaft gut: das wäre die Beschreibung der köstlichen „Antipasti di Lago": milder Räucheraal, zarteste Sarde di Lago mit ihrer Leber in Saor, sanft geräucherte Lachsforelle, eine duftige Mousse aus Barsch, ebenso fein die Antipasti aus Meeresfischen, es gibt aber auch den traditionellen Salami- und Wurstteller. Auch bei den Primi gibt es welche mit Gardaseefisch, Meeresfisch und „dalla terra", also mit Fleischsugo oder Gemüse, so dass jeder zufrieden ist. Bei den Secondi sind die Grillteller mit Gardasee- oder Meeresfisch zu empfehlen, aber auch das Fleisch ist gut. Abends gibt es auf Vorbestellung Paella mit Sangria. Feiner Wein, zum Teil von ganz unbekannten Winzern, auch glasweise, wie alles zu sehr charmanten Preisen. Lobenswert auch, dass das Olivenöl von Montecroce aus Desenzano auf dem Tisch steht.

TIPPS & INFORMATIONEN

Ebenfalls in Rivoltella, einfach die Straße hoch Richtung Ortskern gibt es einen Delikatessenladen, der seit noch nicht allzu langer Zeit mittags und abends zusätzlich zu der guten Auswahl an Spezialitäten feines Essen anbietet, am Wochenende ist sogar durchgehend geöffnet, bis Mitternacht. Zanoni Bottega e Cucina, Via Parocchiale 19, +39 030 911 02 76, Montag Ruhetag. Die Speisen werden auch zum Mitnehmen angeboten.

72 ANTICA CONTRADA

Beste Produkte von Land, See und Meer mit Seeblick serviert

PLÄTZE | *50 Innen; 60 Terrasse/Garten*

LAGE | *Auf dem Weg zur Burg von Limone auf der rechten Seite*

PREISNIVEAU | *Antipasti um 12 €, Primi um 13 €, Secondi um 18 €, Dolci 7 €,*
Weine ab 12 €,

ADRESSE | *Antica Contrada, Via Colombare 23, 25019 Sirmione (BS),*
+39 030 990 43 69, www.anticacontrada.it

RUHETAG | *Montag und Dienstag mittag*

BETRIEBSFERIEN | *variabel*

AMBIENTE

Das hübsche Lokal ist ein Verwandlungskünstler. Von der Straße aus meint man, es sei eine kleine Trattoria, drinnen öffnet sich ein eleganter Raum, schön gedeckte Tische, edle Gläser, dunkle Holzbalken und Wände in sanftem Gelb sorgen für Gemütlichkeit. Weiter geht's auf die Terrasse, die sich auf mehreren Ebenen wie weite Stufen zum See hin erstreckt.

KÜCHE & KELLER

Massimo Bocchio pflegt die Philosophie des Km Zero auf ganz eigene Art: Wichtig ist, dass man direkt beim Produzenten einkauft, ob dies ein Fischer aus Chioggia oder vom Gardasee ist, ein Salamiproduzent der Colli Morenici oder der Gemüsegärtner. Und: Meeresfisch muss nicht nur „frisch" sein, sondern eine bestimmte Größe haben und nicht aus Turbomast-Zuchtbecken, sondern aus dem Meer kommen, am besten geangelt. Dann zaubert Koch Antonio Silva zum Teil nach uralten Rezepten der Familie delikate Fischvorspeisen, wunderschön angerichtet, Pasta mit einem umwerfenden Sugo aus Gardaseefischen oder Tortellini mit wildem Radicchio, dann Fischgerichte mit dichten, kreativen Soßen und zarte Fleischspeisen und zauberhafte Dolci. Wer sich nicht entscheiden kann, wählt eines der Degustationsmenüs „Acqua" oder „Terra" zu jeweils 35 €.

TIPPS & INFORMATIONEN

Genießer schickt Massimo in ein ganz besonderes Spezialitätengeschäft: La Fucina dei Sapori in Prevalle, noch ein wenig westlich von Calvagese. Insbesondere die Käseauswahl von Besitzer Daniele Segala ist sagenhaft. Sie finden aber auch Weine, Schokoladen, Köstlichkeiten der verschiedensten Art von kleinen Produzenten der Gegend, Schinken, Salami, sogar Zigarren und Bücher (die Sie in der gemütlichen Leseecke durchblättern dürfen).

73 TRATTORIA IL FIORE

Kluge Frauenküche mit Preis-Leistungs-Oscar

PLÄTZE | *30 Innen, 30 Terrasse/Garten*

LAGE | *In San Martino oder Pozzolengo auf die gute Beschilderung achten!*

PREISNIVEAU | *Antipasti um 7 €, Primi um 8 €, Secondi um 12 €, Dolci 7 €, Weine ab 11 €*

ADRESSE | *Il Fiore, Loc. Vaccarolo, 25015 Desenzano (BS), +39 030 910 33 02, www.trattoriailfiore.it*

RUHETAG | *Montag und Dienstagabend*

BETRIEBSFERIEN | *Im Januar*

AMBIENTE

Il Fiore ist eine typische, schlichte Landtrattoria. Vorne die Bar, ein netter Gastraum und hinten ein schöner, blumengeschmückter Olivengarten. Vaccarolo könnte Start und wohlverdientes Ziel einer Radtour durch die sanften Hügel im Hinterland des „Lago" sein!

KÜCHE & KELLER

„Si comincia col anatra" – mit der Ente fängt's an, die mit Kräutern und Gemüse gegart wird, bis aus ihr ein duftender Sugo für die hausgemachten Bigoli entsteht. Paolas Küche ist traditionell mit einer modernen, eigenen Handschrift. Bemerkenswert sind die konzentrierten Aromen, z.B. wird der Safran aus dem benachbarten Pozzolengo in Soßen und Dolci gekonnt eingesetzt. Die klassischen Kürbistortelli verfeinert sie mit gerösteten Schalotten und Rosmarin. Exzellent sind ihre Fleischgerichte vom Grill: saftige Stücke von Esel, Pferd, Rind und Geflügel – alles von ausgesuchten Metzgern der Gegend. Aber auch der Gardaseefisch findet in ihrer Küche liebevolle Beachtung. Meisterhaft ihre Dolci wie etwa das schmelzende Schokoladentörtchen mit marinierten Zitrusfrüchten. Ein Preis-Leistungsverhältnis, das man selten findet. Schöne kleine Weinkarte mit Fundstücken aus dem Valtènesi und anderswoher.

TIPPS & INFORMATIONEN

Wer im Winter zu Paola kommt, wird überrascht sein, wie aromatisch-sommerlich die Caponsei nach frischem Salbei duften. Ihr Geheimnis: sie friert die Kräuter bereits küchenfertig geschnitten ein. Das macht sie mit dem Salbei so und mit Rosmarin ebenfalls. Denn, so Paola, die Kräuter wachsen hier auch im Winter, können dann aber nicht mit dem Geschmack im Sommer konkurrieren. Das bedeutet auch für uns: Kräuter mitnehmen und einfrieren. Geschmacksurlaub in Winter sozusagen.

74 TRATTORIA CLEMENTINA

Nonna Clementinas Rezepte vom Enkel verfeinert

PLÄTZE | *30 Innen, 30 Terrasse/Garten*
LAGE | *Mitten im kleinen Rovizza*
PREISNIVEAU | *Antipasti um 9 €, Primi um 9 €, Secondi um 13 €, Dolci 4 €,*
Weine ab 9 €

ADRESSE | *Trattoria Clementina, Piazza Rovizzi 13,*
25019 Rovizza di Sirmione (BS), +39 030 919 66 63

RUHETAG | *Dienstag*
BETRIEBSFERIEN | *Je 2 Wochen im November und Januar*

AMBIENTE

Von außen ganz unscheinbar, öffnet sich drinnen ein urgemütliches Lokal. Im kleinen Vorraum mit der Bar steht Nonna Clementinas Fahrrad im alten Gewölbe, warmes Gelb ziert neben Bildern von Künstlern aus der Gegend die Wände. In der Cantina umrahmen üppig bestückte Weinregale ein paar weitere Tische. Hinter dem Haus befindet sich eine geschützte Terrasse, wo man im Sommer Francescos verfeinerte Omaküche genießen darf.

KÜCHE & KELLER

Es war einmal ein Enkel, der in Omas Kochtopf geschaut hat. Vieles hat ihm geschmeckt, vor allem die Liebe bei der Zubereitung hat er gespürt und gelernt, dass man frische, der Jahreszeit entsprechende Zutaten benutzen soll. So kam er auf die Idee, in diesem Geist eine Trattoria zu eröffnen. Behutsam ging er an Clementinas Rezepte, fügte den Caponsei mehr Kräuter und feinen Käse hinzu, reicht statt deftiger Salami leichte Bresaola mit Artischocken als Vorspeise, füllt Tortelli mit Rotwein-Schmorbraten und dünstet Gardaseefische auf Gemüsebett. Auch kommt mal das eine oder andere nicht ganz so traditionelle, sondern modern-leichte Gericht auf die Karte. Als „Antipasti" wird eine sagenhafte Käseauswahl mit heimischem Honig und Mostarde angeboten. Schleckermäuler sollten die „Dolci della Nonna" nicht auslassen.

TIPPS & INFORMATIONEN

Francescos Keller ist bestens bestückt mit Weinen, die er selbst aussucht. Uns hat er mit einer Flasche Lugana der benachbarten Cantina Marangona heimgeschickt. Der ist, sagt Francesco, so wie Lugana sein soll, trocken, frisch, leicht. Nicht diese schweren, in Barrique-Fässern „veredelten" und sich damit dem internationalen Weingeschmack beugenden „modernen" Bouteillen. Rotweinliebhabern empfiehlt er eine Cuvée aus Groppello, Sangiovese und Barbera vom Weingut Le Chiusure.

75 CASCINA CAPUZZA

Feiner Familienbetrieb in herrlicher Natur

PLÄTZE | *80 Innen, 60 Terrasse/Garten*

LAGE | *Ab San Martino beschildert*

PREISNIVEAU | *Antipasti um 8 €, Primi um 9 €, Secondi um 12 €, Dolci 4 €, Weine ab 9 €*

ADRESSE | *Cascina Capuzza, Loc. Selva Capuzza, 25010 San Martino della Battaglia (BS), +39 030 991 02 79, www.selvacapuzza.it*

RUHETAG | *Montag-Mittwoch*

BETRIEBSFERIEN | *variabel*

AMBIENTE

Das alte Gemäuer, die Gewölbe innen, der gepflegte Garten – alles Orte, die unbedingt besucht werden sollten. Vor den schönen Gebäuden des Agriturismo und Weinguts erzählen alte Bauerngeräte von der Vergangenheit. Im Restaurant sitzt man innen in mehreren schönen Gewölben, draußen im weitläufigen Garten, der in sicherer Distanz zu den Tischen einen schönen Kinderspielplatz und Kräuterbeete enthält. Familienausflug mit Erfolgsgarantie!

KÜCHE & KELLER

Hier gibt es Traditionsküche mit „un tocco di più", ein bisschen mehr Aufmerksamkeit, mehr Kreativität. Schon die Antipasti sind etwas ganz Besonderes: Eine beeindruckende Vielfalt kleiner Häppchen wird serviert, hausgemachte Salami genauso wie marinierte Gartengemüse. Die Soßen zu den hausgemachten Pastasorten entstammen der Tradition, aber man verwendet auch mal Estragon oder Thymian statt Salbei oder Rosmarin. Fleisch kommt im Sommer vor allem vom Grill, im Herbst oder Winter gibt es auch „Bollito", in Brühe gesottenes Fleisch mit Gemüse. Besonders viel Aufmerksamkeit wird dem Gemüse geschenkt, das hier auch mal in der Hauptrolle auf den Teller kommt. Fein die Dolci-Variationen, zu denen der Süßwein „Lume" des Weinguts Selva Capuzza hervorragend passt.

TIPPS & INFORMATIONEN

Bollito Misto ist eigentlich ein ganz einfaches, wunderbares Wintergericht. Nur, am besten schmeckt es, wenn viele Fleischsorten im würzigen Sud garen: Huhn genauso wie Zunge, Schweinsvorderhaxen und Rindfleisch, am besten alles auf Rinderknochen gebettet. Das Fleisch kommt je nach Größe und Garzeit nach und nach in den Topf, Gemüse erst gegen Ende, damit es noch Biss hat. Traditionell wird dazu Pearà gereicht, eine Soße aus Brot, Knochenmark und Olivenöl.

76 SOLIMAGO

Uralte Gemäuer beherbergen moderne, vegetarische Küche

PLÄTZE | *30 Innen, 30 Terrasse/Garten*

LAGE | *Am Rande des Ortskerns von Solferino*

PREISNIVEAU | *Menü 28 €, Kindermenü 20 €, der feine Hauswein ab 12 €*

ADRESSE | *Agriturismo Solimago, Via Napoleone III 37, 46040 Solferino (MN), +39 0376 85 51 09, www.solimago.it*

RUHETAG | *Montag bis Donnerstag*

BETRIEBSFERIEN | *November bis März*

AMBIENTE

Simonetta und ihr Mann sind Architekten. Behutsam haben sie das historische Anwesen ihrer Großeltern renoviert. Ein wunderschöner Agriturismo und ein vegetarisches Restaurant sind in den herrlichen Gewölben entstanden. Simonettas Schwester Antonella hat sich mit Hingabe der Küche gewidmet.

KÜCHE & KELLER

Satt und zufrieden lehnt sich Cesare, der befreundete Winzer aus dem nahen Olfino, zurück und Antonella, die Köchin, strahlt ihn an: Du hattest Angst, dass Du nicht satt wirst, lacht sie. Und Cesare gibt ess zu und lobt fast ein wenig verwundert das vegane wie das vegetarische Menü. Nein, meint er, Fleisch habe er nicht vermisst. Und glaubt fast nicht, dass in der würzig-duftenden Lasagne wirklich kein Hackfleisch gewesen sein soll. Auch beim Secondo - Polentataler mit Steinpilzen und Ziegenkäse oder dem veganen Paprika-Tofu mit einer überraschenden Creme aus Kraut und Kräutern und Gemüsesprossen – waren alle am Tisch glücklich. Eingelegte Oliven und hausgebackenes Bio-Brot begleiten den Aperitif. Die drei Hausweine, der weiße „Sole" und der „Ombra" aus Merlot und „Bark", nach dem Hügel benannt, auf dem der Cabernet wächst, schmecken hervorragend. Das hauseigene Bio-Olivenöl ebenso.

TIPPS & INFORMATIONEN

Wer hier bleiben will, hat keine Probleme – in dem wunderschönen Anwesen werden Zimmer und Appartements vermietet. Zum Mitnehmen bietet der Agriturismo nicht nur die eigenen Weine – wie oben beschrieben – an, sondern auch das eigene Olivenöl sowie allerlei eingelegte Gemüse aus dem großen Garten und selbst gekochte Aufstriche und Marmeladen, zum Beispiel ein sagenhaftes Granatapfel-Gelee.

77 LA CADELORA

Angelvergnügen und bodenständige Küche im Grünen

PLÄTZE | *50 Innen, 50 Terrasse/Garten*
LAGE | *Zwischen Pozzolengo und Cavriana*
PREISNIVEAU | *Antipasti um 7 €, Primi um 7 €, Secondi um 11 €, Dolci 4 €,*
Hausweine 7 €/l

ADRESSE | *Agriturismo La Cadelora, Via Pozzolengo 21, 46040 Cavriana*
(MN), +39 0376 81 50 52

RUHETAG | *Trattoria ganzjährig Freitag, Samstag, Sonntag geöffnet*
BETRIEBSFERIEN | *1 Woche im Januar*

AMBIENTE

Das schöne Hügelland südlich des Gardasees ist erstaunlich „untouristisch", obwohl es wegen der sanften Hügel, der Zypressenalleen und der Weinberge als „Toskana des Gardasees" bezeichnet wird. Hier findet man abseits der Hauptstraßen kleine Käsereien, Weinbaubetriebe und den Agriturismo Cadelora mit einem Forellenteich zum Angeln. Drinnen ist es südlich-gemütlich, auf der Terrasse sitzt man mitten im Grünen.

KÜCHE & KELLER

In der Küche von Fabio, Emmanuela und Giulielmo merkt man schon die Mantuaner Tradition. Trotz Forellenteich gibt es hauptsächlich Fleischgerichte, wobei die zart-saftige Forelle in süß-saurem Gemüse ausgezeichnet war. Vorspeise sind die Wurstsorten des Hauses, dazu eingelegte Gemüse. Als Primi bekommt man hausgemachte Pasta, mit einem würzig-dichten Hasensugo oder Kartoffelgnocchi mit Gorgonzolafüllung. Anschließend gibt es Pferderagout oder Rinderfilet, Bresaola oder einen reich bestückten Käseteller mit hausgemachten Mostarde. Wie in jedem guten italienischen Gasthaus beschließen hausgemachte Kuchen und Desserts das Mahl. Freundlich der familiäre Service, einzig die Qualität des Hausweines (und nur den gibt es) kann mit dem Niveau der Küche nicht mithalten. Gelegentlich gibt es Themenabende (z.B. mit Wild oder dem Brescianer Fleischspieß).

TIPPS & INFORMATIONEN

Vor dem Haus gibt es einen großen Angelteich, der mit Forellen, Schleien, Aalen und Stören bestückt ist. Dort kann man für einen günstigen Preis stundenlang angeln. Man muss zwar seine eigene Angel mitbringen, aber ansonsten braucht man in Italien keinerlei Papiere, also keinen Angelschein, um hier angeln zu dürfen. Man darf vier Stunden angeln und von den Forellen bis zu 15 Stück mitnehmen.

LOMBARDIA

78 ANTICA LOCANDA DEL CONTRABBANDIERE

Edel slow-food in historischem Gemäuer

PLÄTZE | *25 Innen, 25 Terrasse/Garten*

LAGE | *Zwischen Pozzolengo und Ponti*

PREISNIVEAU | *Antipasti um 10 €, Primi um 13 €, Secondi um 15 €, Dolci 7 €, Weine ab 18 €*

ADRESSE | *Antica Locanda del Contrabbandiere, Loc. Martelosio di Sopra 1, 25010 Pozzolengo (BS), +39 030 91 81 51, www.locandadelcontrabbandiere.com*

RUHETAG | *Montag, nur abends geöffnet, So auch mittags*

BETRIEBSFERIEN | *Im Januar*

AMBIENTE

Der schöne Rustico steht genau an der Grenze zwischen den Provinzen Mantua und Brescia und den Gemeinden Pozzolengo und Ponti. Daher der Name Contrabbandiere, Schmuggler. Altes Gemäuer, liebevoll restaurierte Gewölbe (drei kleine Räume), schönes Geschirr, edle Gläser und ein malerischer Garten mit mediterranen Pflanzen - ganz sicher einer der schönsten Plätze im Hinterland, um gutes Essen zu genießen.

KÜCHE & KELLER

Die Liebe zur Präsentation feiner Speisen merkt man schon am Gruß aus der Küche (einer Tomaten-Auberginen-Mousse). Gekonnt geht Lorenzo mit heimischen Zutaten um, beispielsweise dünstet er den Lavarello sanft und bettet ihn in köstliches Olivenöl, anstatt die Fische traditionell zu grillen, wobei sie meist recht trocken werden. Oder er macht daraus einen Risotto, mit Lavarello und Melone! Die Lachsforelle füllt mit Schleie zusammen zarte Crespelle, fein auch die grünen Bandnudeln (natürlich hausgemacht) mit Flußkrebsen. Kalbsbäckchen in Amarone könnten folgen oder zartes Spanferkelcarré. Fein und edel auch die Dolci: Schokotörtchen mit Vanille oder ein hausgemachtes Semifreddo mit marinierten Früchten. Der Gardasee ist auf der Weinkarte eher etwas unterrepräsentiert, aber dafür gibt es viele Weine aus anderen Regionen Italiens.

TIPPS & INFORMATIONEN

Im nahen Volta Mantovana produziert Corte Acquileia hervorragende Tortellini, Bandnudeln, Gnocchi, Brot und Gebäck. Außerdem allerlei Wurstwaren wie Salame Mantovano, Schinken, Coppa, Salsicce, Culatello und Lardo. Die Fattoria findet man auch am Donnerstag auf dem Bauernmarkt in San Benedetto di Lugana und am Dienstag in Desenzano. Es gibt aber auch einen Hofladen.

79 AGRITURISMO LE SPIGHE

Traditionelle Bauernküche im Hügelland

PLÄTZE | *60 Innen, 30 Terrasse/Garten*

LAGE | *Südlich von Monzambano Richtung Mincio*

PREISNIVEAU | *Antipasti um 6 €; Primi um 7 €; Secondi um 11 €; Dolci 4 €; Weine ab 10 €.*

ADRESSE | *Agriturismo Le Spighe, Strada Tononi, 55, 46040 Monzambano (MN), +39 0376 809401, www.lespigheagriturismo.it*

RUHETAG | *Geöffnet Do bis So abends, So auch mittags.*

BETRIEBSFERIEN | *Ganzjährig geöffnet. Unbedingt vorbestellen!*

AMBIENTE

Im hübschen Hügelland südlich des Gardasees sind noch so manche kulinarische Perlen zu entdecken. Hier speist man in einem malerischen Bauernhaus aus Naturstein, das in einem herrlichen Garten liegt, in dem auch viele Früchte und Gemüse wachsen und Tiere gehalten werden. Ein kleines Bauernparadies.

KÜCHE & KELLER

Seit rund zehn Jahren kocht man im Agriturismo Le Spighe eine sehr traditionelle Küche. Nichts für Leute, die Diät halten, meint Giuseppe aus Monzambano, der mir den Tipp gab. Aber wer macht schon Diät im Urlaub. Als Vorspeise reicht man „Salumi", das ist das italienische Wort für „Wurstwaren". Die werden hier hausgemacht und kommen mit eingelegtem Gemüse auf den Tisch. Als Primo hausgemachte Tagliatelle oder die Brotnocken „Caponsei" mit frischem Sugo aus Gartentomaten oder Butter und Salbei. Es gibt geschmortes Kaninchen mit Kräutern, dazu Polenta vom Grill, knackiges Gemüse, Gartensalate oder gebackene Kartoffeln. Als Nachtisch kommt die hausgebackene Torta Sbrisolona auf den Tisch oder Panna cotta mit frischen Früchten. Wer mag, bekommt auch saisonale Früchte einfach so – also doch was, wenn jemand mit Schlankheitsabsichten kommen sollte.

TIPPS & INFORMATIONEN

An der Hauptstraße, die um Monzambano herumführt, verkaufen Bauern Gemüse und Obst frisch vom Feld, was nicht verkauft wird, wird eingelegt, so gibt es Fruchtaufstriche, Soßen und eigelegte Gemüse. Im Frühjahr kann man auch Jungpflanzen von vielerlei Kräuter- und Gemüsesorten kaufen, außerdem werden von Zitronenbäumchen und Kräutern bis zu allerlei Blumen auch Topfpflanzen angeboten.

80 TRATTORIA DEI COLLI

Einfach ein gutes Landgasthaus

PLÄTZE | *30 Innen, 30 unter der verglasten Veranda*

LAGE | *Olfino liegt knapp 3 km südlich von Monzambano*

PREISNIVEAU | *Antipasti um 6 €, Primi um8 €, Secondi um 11 €, Dolci 4 €, Weine ab 8 €*

ADRESSE | *Trattoria dei Colli, Via Ortaglia 1, Loc. Olfino, 46040 Monzambano (MN), +39 0376 80 01 00*

RUHETAG | *Montag und Mittwoch*

BETRIEBSFERIEN | *variabel*

AMBIENTE

Die Trattoria gleich am Ortseingang von Olfino, südlich von Monzambano ist in zwei Räume geteilt: ein gemütlicher Gastraum hinten und eine verglaste Veranda vorne, ein Platz für alle Tage zum Wohlfühlen und gut essen. Den Aperitivo kann man auch draußen nehmen, gegenüber der Trattoria gibt es dazu ein paar kleine, gemütliche Tische.

KÜCHE & KELLER

Gino, der Wirt, schlägt die Hände über dem Kopf zusammen: Sein Sohn besucht ausgerechnet die Hotelfachschule. Er soll doch was Gescheites lernen, meint der Vater. Für uns hört sich das nicht schlecht an, denn so ist wohl gesichert, dass die über 200jährige Tradition des Familienbetriebs weitergeführt und nach alten Familienrezepten gekocht wird. Capunsei, die Brotgnocchi mit Kräutern zum Beispiel, oder Tagliatelle mit aromatischem Entensugo. Das Pferdesteak oder das Eselsragout sind phänomenal, die Beilagen kann man vom üppigen Servierwagen selbst wählen: feine Salate, allerlei frisch zubereitete Gemüse der Saison. Wer mag, kann sich auch nur dort bedienen und das Fleisch einmal weglassen. Gino mag Meeresfisch, deshalb gibt es auch eine kleine Fischkarte. Den günstigen offenen Hauswein kann man getrost bestellen, er stammt von der ausgezeichneten Cantina Gozzi ein paar hundert Meter weiter.

TIPPS & INFORMATIONEN

Gar nicht weit weg, an der Straße zwischen Monzambano und dem hübschen Ort Castellaro Lagusello gibt es einen Betrieb, der Gemüse und Obst aus integriertem Anbau verkauft, viel eigenes, einiges von befreundeten Betrieben. Da frisch vom Feld oder Baum zum einen in allerbester Qualität, zum anderen zu wirklich günstigen Preisen.
Elia Dal Molin, Mobiltelefon +39 338 4749343, www.aziendaagrdalmolin.wordpress.com

81 RISTORANTE FONTANA

Beste Mantuaner Küchentradition

PLÄTZE | *80 Innen, 90 Terrasse/Garten*

LAGE | *Von Volta Richtung Pozzolo, beschildert*

PREISNIVEAU | *Antipasti um 7 €, Antipastivariationen 12 €, Primi um 8 €, Secondi um 11 €, Dolci 4 €, Weine ab 8 €*

ADRESSE | *Ristorante Fontana, Loc. Ferri, 46049 Volta Mantovana (MN), +39 0376 83 80 96*

RUHETAG | *Montag*
BETRIEBSFERIEN | *variabel*

AMBIENTE

Unweit des Radweges Peschiera-Mantova zwischen Volta und Pozzolo liegt die kleine Località Ferri. Hier serviert Guido Fiorini „Mantovanità a tavola" – Mantuaner Traditionsküche also. Drinnen im schlichten Gastraum oder auf der großen Terrasse hinter dem Haus mit Blick in die Auen des Flusses Mincio und großer Wiese, wo Kinder spielen können, werden die Gäste von der Tochter Adriana herzlich betreut.

KÜCHE & KELLER

Hier werden traditionelle Großmutter-Rezepte frisch und der Jahreszeit entsprechend zubereitet. Verführerisch der Wagen mit vielen verschiedenen Antipasti, gefüllten Gemüsen, hausgemachter Salami oder Schinkenröllchen. Man muss aufpassen, nicht zu viel zu nehmen, sonst ist man schon satt. Es lohnen sich nämlich auch die Pastagerichte, hausgemacht wie alles andere und mit köstlichen, konzentrierten Soßen gereicht. Als Hauptspeise gibt es – ganz Mantuaner Tradition – viel Fleisch, vom Grill oder aus dem Ofen, aber auch Fisch wie Schleie oder Hecht. Dann könnte man einen Käseteller bestellen, mit hausgemachten Mostarde, zum Beispiel aus der seltenen weißen Wassermelone. Als Dolci gibt es Apfel- oder Zitronenkuchen, die klassische Sbrisolona, aber auch Semifreddi oder Panna Cotta mit Obst. Die Produkte stammen wenn möglich aus der Nachbarschaft, wie etwa der Hauswein und einige wenige Flaschenweine.

TIPPS & INFORMATIONEN

Volta Mantovana liegt auf der letzten Erhebung der Colli Morenici, der Moränenhügel. Zur Burg hinauf und an der alten Stadtmauer entlang hat die Gemeinde einen schönen Spazierweg eingerichtet. Von dort hat man bei guter Sicht einen atemberaubenden Blick Richtung Norden zum Gardasee und in die Berge. Es gibt sogar Tage, an denen man Richtung Süden den Apennin erkennen kann. Auf dem verkehrsberuhigten Hauptplatz des Städtchens kann man einen Aperitivo nehmen.

82 OSTERIA DA PIETRO

Edle Küche in historischem Gewölbe

PLÄTZE | *30 Innen, 30 Terrasse/Garten*

LAGE | *In der Altstadt von Castiglione*

PREISNIVEAU | *Antipasti um 12 €, Primi um 12 €, Secondi um 18 €, Dolci 8 €, Weine ab 18 €*

ADRESSE | *Osteria Da Pietro, Via Chiassi 19, 46043 Castiglione delle Stiviere (MN), +39 0376 67 37 18, www.osteriadapietro.it*

RUHETAG | *Mittwoch und Sonntag abend*

BETRIEBSFERIEN | *Zwei Wochen im Januar und im August*

AMBIENTE

In einem alten Palazzo aus dem 16. Jahrhundert inmitten von Castiglione delle Stiviere ist die feine Osteria untergebracht; drinnen sitzt
man in einem der zwei elegant eingerichteten historischen Gewölbe,
wärmt sich im Winter am schönen offenen Kamin, im Sommer kann
man auch draußen auf der Terrasse speisen.

KÜCHE & KELLER

Die Küche von Fabiana, die von ihrer Schwiegermutter das Kochen
gelernt hat, vereint Mantuaner Tradition mit der leichten Gardasee-
Küche, durch ihre eigene gekonnte Handschrift ist die Osteria sogar
in den Guide Michelin aufgenommen worden. Fröhlich meint Andrea
Castrini, der Metzger aus Pozzolengo, von dem die Osteria ihr Fleisch
bezieht: Man bekommt allerbeste Qualität, aber die Preise sind gar
nicht so hoch, wie man vielleicht befürchten mag. Und so sieht die
Interpretation der traditionellen Küche aus: Die klassischen Teig-
täschchen werden schon mal mit zartem Täubchen gefüllt und mit
ihrer Leber serviert oder die Weinbergschnecken mit Artischocken.
Das Carpaccio vom Piemonteser Rind gibt es mit Burrata, Tagliatelle
mit Hummer oder Seeteufel mit Vanille auf Bohnencreme. Stolz präsentiert Pietro seine ausgesprochen schöne Weinkarte mit Tropfen
aus der Gegend, aus ganz Italien und auch aus anderen Ländern.

TIPPS & INFORMATIONEN

Im nahen Cavriana produzieren Ermes Manerba
und seine Familie feinen Käse aus der Milch der
eigenen Kühe der Rassen Frisona und Pezzeta
Rossa. Beide sind für exzellente Milch bekannt. Es
gibt Ricotta, Stracchino und ganz jungen „Fior di
Latte" und Käse mit Oliven, mit Peperoncino oder
mit Trüffel. Man findet die Käserei mit Laden in der
Via Bosche 34 in Cavriana, Öffnungszeiten sind
täglich, auch sonntags, 9-12.30 und 14.30-19 Uhr.

GLUTENFREI
am Gardasee

GLUTENFREI

Pasta, Pizza, Tortellini, Canederli oder die Brotnocken Capunsei – alles feine Speisen, die auch einen gelungenen Urlaub ausmachen. Und gerade weil viele Spezialitäten der italienischen Küche auf Weizenmehl basieren, richten sich immer mehr Gastronomen auch auf diejenigen ein, die gerade das nicht vertragen. Hier eine Auswahl von Restaurants, die von der italienischen Vereinigung für Zöliakie (Associazione Italiana Celiachia) zertifiziert sind. Mehr unter www.celiachia.it.

Trentino
La Berlera, Riva del Garda, Loc. Ceole 8/b,
+39 0464 521149, www.laberlera.it

Agritur Eden Marone, Riva del Garda, Via Marone 23,
+39 0464 52 15 20, www.eden-marone.it (s.S. 50-51)

Ca´ Rossa, Arco, Via Linfano 47, +39 0464 50 64 20

Veneto
Athena, Caprino Veronese, Via Pertini 10/h,
+39 045.6230813, www.ristorantepizzeriaathena.com

Tortuga Cafè, Peschiera del Garda, Via Lungolago Mazzini, 2/b,
+39 0456 40 17 35

Lombardia

El Mamacita, Gavardo, Via A. Gosa, 164/f,
+39 0365.34275, www.elmamacita.it

Al Torchio, Tignale, Via Europa 1,
+30 0365 76 02 96, www.altorchiotignale.it

Villa dei Roccoli, Toscolano Maderno, Via Sanico 11,
+39 0365 541592, www.ristorantevilladeiroccoli.com

Trattoria alle Trote, Gavardo, Via Bariaga 24,
+39 036 53 12 94, www.trattoriatrote.it (s.S. 208-209)

Rose e Sapori, Desenzano del Garda, Lungo Lago C. Battisti 89,
+39 030 914 45 85, www.roseesapori.eu

Antica Cascina San Zago, Salò, Via dei Colli 13,
+39 0365 42754, www.anticacascinasanzago.it

La Lisca, Sirmione, Via Brescia 41,
+39 030 990 41 91, www.liscaristorante.it

La Speranza, Solferino, Via S. Martino 6,
+39 0376 85 41 91, www.la-speranza.it

UNTERKÜNFTE MIT GLUTENFREIER KÜCHE, EMPFOHLEN VON GARDASEE.DE

Agritur Eden Marone, Riva del Garda, Via Marone 23,
+39 0464 52 15 20, www.eden-marone.it (s.S. 50-51)
B&B A Casa di Minola, Salò, Via Luigi Ragazzo 9,
+39 0365 556584, www.acasadiminola.it
Hotel Eden, Brenzone, Via Zanardelli, 6,
+39 045 7420102, www.consolinihotels.it
Hotel La Paül, Sirmione, Via XXV Aprile 32,
+39 030 916077, www.hotellapaul.it
Hotel Sorriso, Toscolano- Maderno, Via Religione 5,
+39 0365 540855, www.hotelsorriso.de
Villa Rosa Hotel, Desenzano, Lungolago C. Battisti 89,
+39 030 9141974, www.villarosahotel.eu

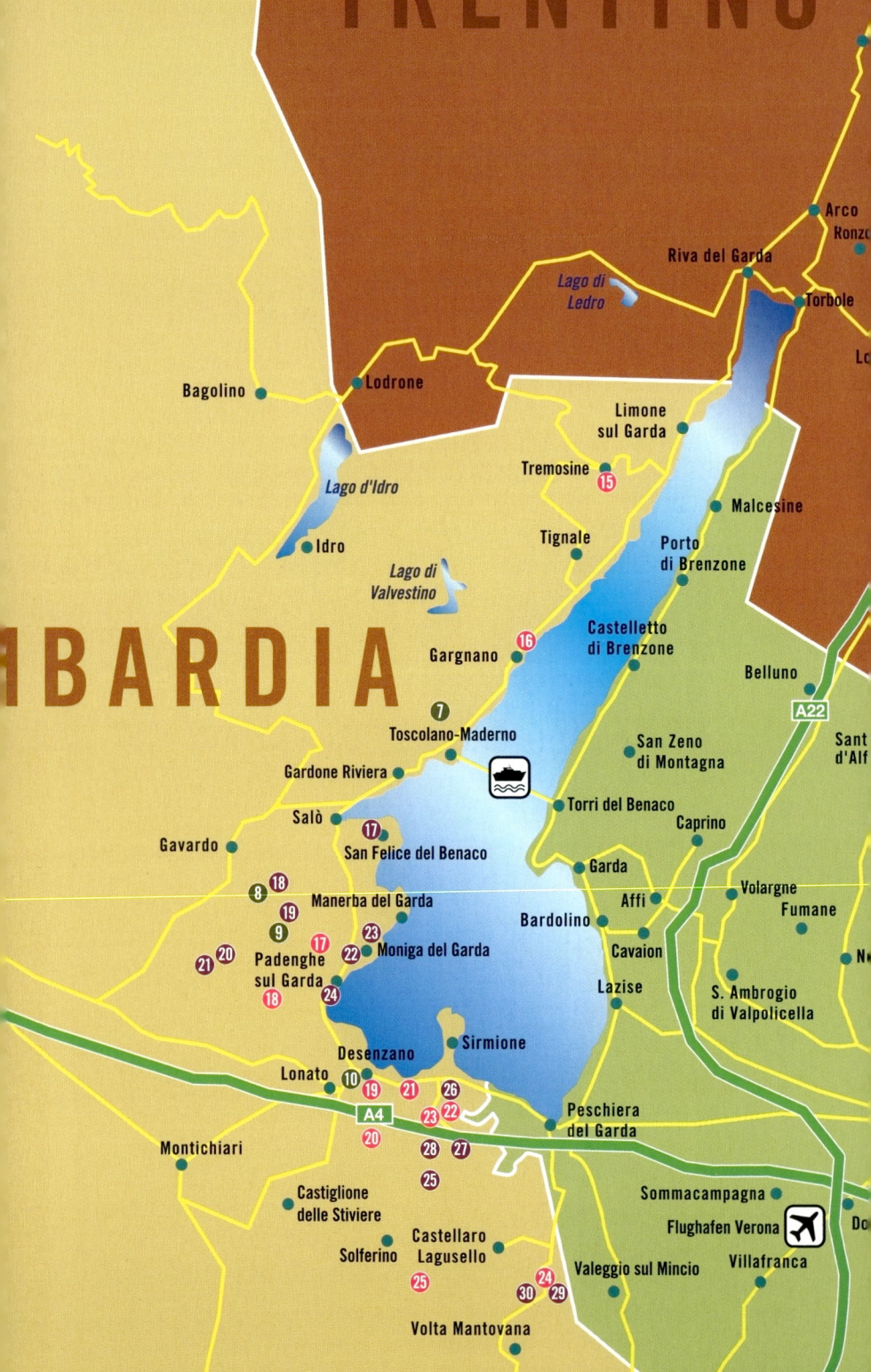

10 km

TRENTINO

Bagolino

Lodrone

Lago di Ledro

Riva del Garda

Arco
Ronzo

Torbole
Lo

Limone
sul Garda

Malcesine

Lago d'Idro

Tremosine
15

Idro

Tignale

Porto
di Brenzone

LBARDIA

Lago di
Valvestino

Gargnano
16

Castelletto
di Brenzone

Belluno

A22

Sant
d'Alf

Toscolano-Maderno

San Zeno
di Montagna

Gardone Riviera

Salò

Torri del Benaco

Caprino

Gavardo

17

San Felice del Benaco

Garda

Volargne

Fumane

8
18

Manerba del Garda

Affi

19

Bardolino

N

9

17
23

Moniga del Garda

Cavaion

21
20
22

Lazise

Padenghe
sul Garda

18
24

S. Ambrogio
di Valpolicella

Desenzano

Sirmione

Lonato

10

19
21
26

Peschiera
del Garda

A4

23
22

Montichiari

20

28
27

Castiglione
delle Stiviere

25

Sommacampagna

Castellaro
Lagusello

Flughafen Verona

Do

Solferino

25

Valeggio sul Mincio

Villafranca

24

Volta Mantovana

30
29

26

Roverbella

MANTOVA

LOMBARDIA

 WEIN　　 OLIVENÖL　　SPEZIALITÄTEN

17 LE CHIUSURE
Weingut, Olivenöl

ADRESSE:
Via Boschette 2
25010 Portese di San Felice (BS)
+39 0365 62 62 43
www.lechiusure.net

ÖFFNUNGSZEITEN:
Nach Vereinbarung. Ohne Termin sollten
Sie auf die italienische Mittagspause von
ca. 12.30-15 Uhr Rücksicht nehmen.

BETRIEB

Die ersten Trauben auf Le Chiusure wurden 1989 gelesen. Alessandro Luzzago und seine Frau Paola bauen hier im Valtènesi sechs Rebsorten an (Groppello, Barbera, Sangiovese, Marzemino, Rebo und Merlot), aus denen sie vier verschiedene Weine keltern. Alessandro hat in Florenz Landwirtschaft studiert und immer bedauert, dass Landwirtschaft nur im Hörsaal und nie in der Natur stattfand. Diese Liebe zur Arbeit im Freien merkt man dem gesamten Anwesen an und bewundert den Einfallsreichtum, mit dem hier nachhaltig Pflanzenschutz und Rebpflege betrieben wird.

PRODUKTE

Der Chiaretto wird zu 50 % aus der heimischen Groppello-Traube gewonnen, dazu kommen Barbera und Sangiovese. Der Valtènesi ist ein frischer und fruchtiger Groppello, sein „großer Bruder", der Campei, darf zwei Jahre im Holzfass lagern und wird dadurch kräftiger und tiefer. Der Malborghetto ist eine Cuvée aus den hiesigen Rebsorten Rebo und Merlot. Er ist ein großer Wein mit ausgeglichenen Tanninen und hohem Lagerungspotenzial. Aus 500 eigenen Olivenbäumen der Sorten Casaliva, Leccino und Pendolino wird ein fruchtiges Extravergine-Öl gewonnen. Und wer mehr Zeit mitbringen möchte, um Le Chiusure besser kennenzulernen, kann seinen Urlaub in einer der vier Ferienwohnungen verbringen.

WEIN

CASCINA BELMONTE 18

Weingut, Traubensaft

ADRESSE:

Moniga del Bosco, Loc. Topppe
25080 Muscoline (BS)
+39 333 505 16 06
www.cascinabelmonte.it

ÖFFNUNGSZEITEN:

Nach Vereinbarung. Ohne Termin sollten
Sie auf die italienische Mittagspause von
ca. 12.30-15 Uhr Rücksicht nehmen.

BETRIEB

„Rapsodia in Verde" hat Enrico Di Martino auf seine schön gestalteten Informationstafeln geschrieben. Er arbeitet so biologisch wie möglich und verwendet keine Kunstdünger oder aggressive Schädlingsbekämpfungsmittel. Im Weinberg setzt er auf Gründüngung und aufwendige, vorbeugende Maßnahmen. Felder, die nicht für den Weinbau geeignet sind, bepflanzt er mit Obstbäumen, Wildobst und vielerlei anderen heimischen Pflanzen, die ein harmonisches Gesamtbild funktionierender Natur ergeben. In Kopenhagen hat Enrico Agrarwissenschaften mit Schwerpunkt Bioanbau studiert.

PRODUKTE

Enrico arbeitet auch im Keller mit großer Sorgfalt, hat vielen Kollegen über die Schulter geschaut und produziert so ausgesprochen charaktervolle Weine. Eine wichtige Maßnahme, die die meisten Kollegen aus Zeitgründen nicht machen: Er wäscht die Trauben vor der Pressung, um Staub und Schmutz zu entfernen. Klar und reintönig ist sein weißer Serèse, mit ausgewogener Säure und Frucht. Besonders gut hat uns sein dichter Rebo namens „Singia" gefallen, aber auch sein Chiaretto „Le Vin en Rose". Nennenswert: der dichte rote „San Giovanni", für den die Trauben vor dem Pressen angetrocknet werden. Außerdem stellt Enrico aber auch ganz ausgezeichnete reinsortige Traubensäfte her.

19 CANTINA FRANZOSI

Weingut, Olivenöl, Spezialitäten

ADRESSE:
Via XXV Aprile 6 / Fraz. Palude
25080 Puegnago del Garda (BS)
+39 0365 65 13 80
www.cantinefranzosi.it

ÖFFNUNGSZEITEN:
Mo – Sa 8.30-12 und 14-18.30 Uhr
So 9-12 Uhr

▍ BETRIEB

Seit 1964 gibt es den Weinbaubetrieb, die Familie Franzosi betreibt
den Hof in der dritten Generation. Auf 19 Hektar Anbaufläche zwischen dem Valtènesi und dem Luganagebiet wird nicht nur Wein erzeugt, sondern auch Olivenöl und andere Spezialitäten. 1999 wurde
der schön gestaltete Verkaufsraum eröffnet. Die Weine wurden mehrfach prämiert, zunehmend spielt auch der Export eine wichtige Rolle.

▍ PRODUKTE

Neben den klassischen Weinen des Valtènesi, dem Groppello und
dem Chiaretto, dem Lugana oder dem roten Garda classico finden
sich auch interessante andere Tropfen, die gekostet werden wollen,
etwa ein typischer Bardolino, ein Custoza oder ein reifer, voller Rebo
aus dem Brescianer Gebiet. Frizzante und Spumante runden das Angebot ebenso ab wie Reinsorten-Grappe aus Marzemino, Groppello,
Rebo, Lugana oder Moscato. Aus Groppello und Lugana entstehen
zwei milde, feine Weinessige. Darüber hinaus wird Olivenöl angeboten (reinsortiges Casaliva und beste Cuvées) sowie aromatisierte Olivenöle, eingelegte Gemüse und Kosmetik auf Olivenölbasis. Beste
Anlaufadresse also für alle, die noch Mitbringsel suchen.

WEIN

LA TORRE **20**
Weingut

ADRESSE:
Via Torre 3
25080 Mocasina di Calvagese (BS)
+39 030 60 10 34
www.pasini-latorre.com

ÖFFNUNGSZEITEN:
*Nach Vereinbarung. Ohne Termin sollten
Sie auf die italienische Mittagspause von
ca. 12.30-15 Uhr Rücksicht nehmen.*

BETRIEB

Attilio Pasini bewirtschaftet zusammen mit seinem Bruder hier im herrlichen Hinterland des Gardasees 22 Hektar Wein. Attilio ist Önologe und macht Wein mit Leidenschaft, doch ebenso setzt er auf präzise Analysen von Boden und Wetter, so dass so wenig gespritzt werden muss wie nur möglich. Das historische Gebäude beherbergt neben der Kellerei eine Probierstube und schöne Gewölberäume, in denen am Wochenende auf Vorbestellung der berühmte „Spiedo Bresciano", der Brescianer Fleischspieß, serviert wird.

PRODUKTE

Attilio ist großer Liebhaber der heimischen Rebsorte Groppello, die die Grundlage eines sehr dichten, schönen roten „Mocasina" ist. Jedes Jahr gibt es in einer Reihe von guten Trattorie seinen Wein und das passende Menü dazu – Informationen gibt es dazu jeweils auf der Internetseite. Doch auch ein schöner Spumante Metodo Classico und interessante Weißweine (aus Riesling und Incrocio Manzoni) verlassen die Cantina. Selbstverständlich widmet man sich hier auch dem Chiaretto, dem Roséwein, der im westlichen Hinterland des Gardasees auf eine lange Tradition - zurückgehend bis ins Ende des 19. Jahrhunderts - blicken kann. Schließlich gibt es Olivenöl von den eigenen Oliven, gepresst in der nahen Ölmühle Manestrini.

21 REDAELLI DE ZINIS

Weingut, Olivenöl, Spezialitäten

ADRESSE:
*Via N.H. Ugo de Zinis 10
25080 Calvagese della Riviera (BS)
+39 030 60 10 01
www.dezinis.it*

ÖFFNUNGSZEITEN:
*Nach Vereinbarung. Ohne Termin sollten
Sie auf die italienische Mittagspause von
ca. 12.30-15 Uhr Rücksicht nehmen.*

BETRIEB

Seit 1623 produziert die Adelsfamilie de Zinis Weine im Valtènesi.
Der stattliche Landsitz mit insgesamt 120 Hektar (davon 52 Hektar
mit Reben besetzt) liegt in einer beeindruckenden Landschaft inmitten von Obst- und Olivenbäumen. Die Größe des Betriebes, die lange
Tradition im Weinbau und der behutsame, nachhaltige Umgang mit
der Natur machen Redaelli de Zinis zu einer wichtigen Größe in der
südwestlichen Gardaseeregion. Es werden auf Anfrage Gruppenfüh-
rungen durch die Kellerei mit Degustation und kleinen Häppchen bis
hin zum vollständigen Menü angeboten.

PRODUKTE

Eine Vielzahl von Weinen wird hier gekeltert, vom Spumante (auch in
einer Rosévariante) über junge, frische Tropfen wie Chiaretto, Sauvignon und Pinot grigio bis hin zu klassischen, gereiften Rotweinen wie
Cabernet Sauvignon, im Barrique ausgebauten Groppello und einem
auf Riesling und Incrocio Manzoni basierenden Weißen mit klaren
Honigtönen. Es werden auch Süßweine produziert, unter denen der
„Brezza Rosa" aus Pinot nero, Marzemino und Moscato bianco besonders auffällt. Daneben sind Olivenöl, Essige und Grappa – auch
im Holzfass gereift – sowie selbst eingelegte Gemüse im Angebot und
überraschende Delikatessen, z.B. grüne Nektarinen, die wie Kapern
konserviert werden.

WEIN

CIVIELLE 22

Weinkooperative, Spezialitäten

ADRESSE:
Civielle/Garda e Vino | Via Pergola 21
25080 Moniga del Garda (BS)
+39 036 550 20 02
www.civielle.com

ÖFFNUNGSZEITEN:
Enoteca
Mo-Sa 9-12.30 und 15-19 Uhr
So 9-12.30 Uhr

BETRIEB

Civielle steht für „Cantina della Valtènesi e della Lugana", ganz bewusst hat man sich damals nicht „Cantina sociale" genannt. Wo in manchen „Cantine sociali" lange Zeit und manchmal leider noch bis heute auf Masse gesetzt wurde (die Traubenbauern werden nach Gewicht der abgelieferten Trauben bezahlt), hat man sich hier von Beginn an der Qualität verschrieben und klare Regeln für die inzwischen rund 50 Mitglieder aufgestellt, z.B. für die Menge Trauben pro Hektar. Dies ist eine der wichtigsten Grundlagen, hervorragende Weine zu produzieren – hier seit 1979 schon in Bio-Qualität!

PRODUKTE

An die Kellerei ist die wunderschöne Enoteca „Garda e Vino" angegliedert, die neben den Civielle -Weinen (die man jederzeit verkosten kann) auch viele andere Weine aus dem gesamten Gardasee-Gebiet und zum Teil darüber hinaus anbietet. Dazu gesellen sich viele andere Produkte der Region in lobenswerter Auswahl – Olivenöl von den besten Ölmühlen der Gegend, viele Bio-Produkte (zum Beispiel auch Bio-Brot eines Bäckers aus Lonato), eingelegtes Gemüse, Gebäck, Marmeladen und so vieles mehr, dass der Platz hier nicht reicht. Alles obendrein zu günstigen Preisen. Was will das Genießerherz mehr?

23 # COSTARIPA
Weingut

ADRESSE:
Via della Costa 1a
25080 Moniga del Garda (BS)
+39 0365 50 20 10
www.costaripa.it

ÖFFNUNGSZEITEN:
Mo-Fr 8.30-12.30 und 14-18 Uhr
Sa 9.30-12.30 und 15.30-18.30 Uhr

BETRIEB

Anita von Caffè Martini in Padenghe schwärmt von ihrem Lieblingswein, den der mehrfach als „Bester Önologe des Jahres" ausgezeichnete Mattia Vezzola von Costaripa macht. Lange Erfahrung und die Verbundenheit mit der Region des Valtènesi bestimmen die Arbeit auf
dem 30 Hektar großen Weingut, das hauptsächlich Groppello und
Marzemino anbaut. Bekannt wurde Costaripa vor allem durch seine
Roséweine, obwohl Mattia Vezzola bereits 1973 mit dem ersten Spumante Metodo Classico vom Gardasee Aufsehen erregte.

PRODUKTE

Der „Rosamara" besticht zunächst durch seine Farbe, ein zartes
Lachsrosa, und dann durch seinen lang anhaltenden, frischen Geschmack. Aus Chardonnay und Pinot nero wird ein Spumante rosa
erzeugt. Der Rosé „Molmenti" (benannt nach dem „Erfinder" des
Chiaretto) überzeugt mit dem Duft nach weißen Blüten und Vanille.
Die heimische Groppello-Traube wird zum lange lagerfähigen „Maim"
gekeltert, ein passender Begleiter zur Pasta ist der Marzemino „Maza-
ne". Eine Besonderheit ist der „Palmargentina", ein Dessert-Rosé aus
spät geernteten Trauben. Seit einigen Jahren bietet Costaripa auch
einen Lugana von den eigenen Weinfeldern südlich von Sirmione an.

CANTINA ZULIANI
Weingut

ADRESSE:
Via Tito Speri 28
25080 Padenghe sul Garda (BS)
+39 030 990 04 00
www.vinizuliani.it

ÖFFNUNGSZEITEN:
Nach Vereinbarung. Ohne Termin sollten
Sie auf die italienische Mittagspause von
ca. 12.30-15 Uhr Rücksicht nehmen.

BETRIEB

Im historischen Zentrum von Padenghe befindet sich die Cantina Zuliani. Man betritt das Weingut durch einen wunderschönen Innenhof, die Grundmauern des Gebäudes stammen aus römischer Zeit. Die historischen Gewölbe sind eine malerische Lagerstätte für besten Wein, der hier seit über 500 Jahren von der Familie Zuliani produziert wird. Die Felder liegen gleich vor den Toren des hübschen Ortes in einem Gebiet namens „Balosse", Namensgeber auch für den ausgesprochen dichten Groppello des Hauses.

PRODUKTE

Lucia Zuliani wird immer noch tatkräftig von ihrer Mutter Eleonora unterstützt, die stolz die Weine präsentiert. Der Chardonnay trägt den Namen der Mutter und nennt sich „Donna Eleonora", die dichte rote Cuvée "Donna Lucia" besteht aus Groppello (30-60 %), Sangiovese (10-25 %), Marzemino (5- 30 %) sowie Barbera (10-20 %) und wird acht Monate in Barrique-Fässern ausgebaut. Aus den gleichen Trauben entsteht auch der elegante Rosé des Hauses. Nennenswert der lange gereifte Groppello Superiore, der zu 90 % aus Groppello und 10 % Marzemino besteht. Außer den Weinen werden auch Spezialitäten befreundeter Betriebe wie etwa eingelegte Oliven, Olivenöl, Honig und edler Balsamico angeboten.

25 SELVA CAPUZZA – CANTINE COLLI A LAGO

Weingut, Restaurant, Agriturismo

ADRESSE:
*Loc. Selva Capuzza
25015 San Martino della Battaglia (BS)
+39 030 991 03 81
www.selvacapuzza.it*

ÖFFNUNGSZEITEN:
Mo-Fr 8-12 und 14-18 Uhr

BETRIEB

Die Fahrt zum Weingut mit Restaurant und Agriturismo lohnt sich schon wegen der bezaubernden Landschaft der Moränenhügel. Kommt man von Donnerstag bis Sonntag mittags oder abends, dann kann man die Weine des Hauses gleich im schönen Restaurant zusammen mit erstklassigen Speisen verkosten.

PRODUKTE

Hier wird ein frischer Lugana produziert, der ausschließlich aus der heimischen Traube Trebbiano di Lugana gekeltert wird. Er kann ein wunderbarer Aperitivo sein, aber auch ein ganzes Sommermenü begleiten. Der charaktervolle „Lugana Selva" aus besonders sorgsam gelesenen Trauben passt bestens zu Gerichten mit Gardaseefisch. Der im Barrique gereifte Lugana Superiore Menasasso ist weich und rund mit floralen Noten. Neugierige probieren den heimischen Tocai San Martino, von dem nur wenig produziert wird. Ebenfalls etwas Besonderes: der Chiaretto Spumante Metodo Classico. Schließlich sollte man sich ein paar Flaschen vom Süßwein „Lume" mitnehmen, der Käseteller ebenso begleitet wie feine Dolci oder die klassische Torta Sbrisolona.

CA' LOJERA – TENUTA TIRABOSCHI **26**

Weingut

ADRESSE:
Via 1866 19
25019 Rovizza di Sirmione (BS)
+39 045 755 19 01
www.calojera.com

ÖFFNUNGSZEITEN:
Nach Vereinbarung. Ohne Termin sollten
Sie auf die italienische Mittagspause von
ca. 12.30-15 Uhr Rücksicht nehmen.

BETRIEB

Ambra und Franco Tiraboschi wollten eigentlich, nachdem sie in anderen Bereichen gearbeitet hatten, nur noch Trauben anbauen. Doch sie fanden niemanden, der daraus den Wein machte, den sie sich vorstellten. Also begannen sie, selbst Wein zu produzieren und die vielen Preise und besten Bewertungen sprechen für ihren Fleiß und ihren verdienten Erfolg. Man kann die Weine im Weingut in Rovizza probieren oder im Büro mit kleinem Laden an der Hauptstraße in San Benedetto di Lugana kaufen.

PRODUKTE

Ambra ist eine beeindruckende Frau und eine großartige Botschafterin der Lugana - Weine. Sie liebt die Region und ihren Wein sowie die traditionelle Küche, zu der dieser Wein bestens passt. Sie und ihr Mann Franco glauben fest daran, dass man sich nicht roten und weißen Weinen gleichzeitig mit gleichem Können widmen kann. Bei Ca' Lojera steht die weiße heimische Traubensorte Trebbiano di Lugana im Mittelpunkt. Daraus werden feine, bedeutende Weiße gekeltert. So kann man zwischen einem zarten Lugana Ca' Lojera, einem 24 Monate im Holzfass ausgebauten Lugana Superiore oder der Spätlese „Lugana del Lupo" wählen. Liebhaber von Bollicine genießen einen köstlichen Spumante „Metodo Classico", der ohne Dosage in Flaschengärung reift.

WEIN

27 TENUTA ROVEGLIA
Weingut

ADRESSE:
Loc. Roveglia 1
25010 Pozzolengo (BS)
+39 030 918663
www.tenutaroveglia.it

ÖFFNUNGSZEITEN:
Mo-Sa 8-18 Uhr durchgehend

BETRIEB

Am Südufer zwischen Sirmione und Pozzolengo erstrecken sich die 70 Hektar Rebgärten der Familie Zweifel-Azzone, die seit vier Generationen dem Weinbau nachgeht. Das herrschaftliche Anwesen zeigt die Geschichte der Familie mit einer ansprechenden Sammlung von Antiquitäten, die in Keller und Probierstube bestaunt werden kann. Man engagiert sich stark gegen eine geplante Schnellzugtrasse durch die Weinfelder der Region, die eine Bedrohung für den Anbau der Trauben für den Lugana darstellt.

PRODUKTE

Lugana, der erfolgreiche Weißwein der Gegend, ist nämlich das Hauptprodukt der Tenuta Roveglia, sowohl in der klassischen, frischen Variante, „Limne" genannt, die so gut zum Gardaseefisch und zu Gemüse passt oder als intensiver „Vigne di Catullo" von Rebstöcken, die mindestens fünfundfünfzig Jahre alt sind, wie in der edlen Spumante-Version oder als Süßwein „Filo di Arianna", der aus spätgelesenen edelfaulen Trauben gewonnen wird. Daneben wird aber auch Chiaretto, der charaktervolle und dabei leichte Roséwein vom Gardasee, in Flaschen gefüllt. Interessant der Dessertwein „Vitis Alba" aus Trebbiano und Garganega. Doch es gibt auch süffige Rotweine aus Merlot oder Cabernet Sauvignon sowie Grappa aus dem Trester der eigenen Weißweine.

WEIN

CANTINA PILANDRO 28

Weingut, Grappa

ADRESSE:
Loc. Pilandro 1
25015 San Martino della Battaglia (BS)
+39 030 991 03 63
www.pilandro.it

ÖFFNUNGSZEITEN:
Mo-Sa 9-12.30 und 15-19 Uhr
So 9-12.30 Uhr

BETRIEB

Wer den besten Lugana macht, dürfte schwer zu entscheiden sein -
doch Pietro Lavelli gehört auf jeden Fall dazu. Mit großer Leidenschaft keltert er saubere, klare Weine zu einem ganz hervorragenden
Preis-Leistungs-Verhältnis. Im schönen Verkaufsraum können die
Weine und Grappe selbstverständlich probiert werden. Erklären kann
Pietro auch alles in einem sehr charmanten Deutsch – seine Mutter
stammt aus dem Ruhrgebiet.

PRODUKTE

Unser Lieblingswein ist der „einfache" Lugana DOC, den es im Übri-
gen auch offen zu kaufen gibt. Pietro bietet aber auch im Fass ausgebaute Lugana an, die hervorragend zur Gardasee-Fischküche passen.
Es gibt des Weiteren einen zarten, feinen Rosato, einen Merlot sowie
einen dichten Barbera. 24 Monate im Fass ausgebaut ist der Merlot
Settantanni. Bei den Bollicine genießt man einen ausgesprochen edlen
Metodo Classico Rosé oder einen weißen Flaschengärsekt. Liebhaber
besonderer Grappe finden hier Grappa mit Honig und einen dunklen
fassgereiften sowie einen Grappa di Lugana. Pietros Neugier und Kreativität hört hier nicht auf: Seit kurzem besitzt er Felder in den Marken, so dass ein wirklich nennenswerter „Verdicchio Castello di Jesi"
seinen Keller verlässt.

29 CANTINA GOZZI

Weingut, Honig und Grappa

ADRESSE:
Via Ortaglia 16 | Loc. Olfino
46040 Monzambano (MN)
+39 0376 800377
www.fattoriacolombara.com

ÖFFNUNGSZEITEN:
Nach Vereinbarung. Ohne Termin sollten
Sie auf die italienische Mittagspause von
ca. 12.30-15 Uhr Rücksicht nehmen.

BETRIEB

Die Cantina Gozzi ist ein Familienbetrieb, geführt von den Brüdern
Cesare und Franco, doch inzwischen gestalten die Söhne den Betrieb
mit. Francos Sohn Fabio kümmert sich um die Rebgärten und Cesa-
res Sohn Emanuel mehr und mehr um Cantina und Vermarktung. Vor
allem wird hier Wein produziert, aber es gibt auch Grappa aus dem
eigenen Trester und manchmal auch Honig aus den naturnah bewirt-
schafteten Feldern.

PRODUKTE

Auf rund 25 Hektar wird Wein angebaut, etwa der in den Moränenhügeln südlich des Gardasees beste Bedingungen vorfindende Merlot.
Aber auch heimische Rebsorten wie Rondinella, Rossanella oder der
weiße Garganega werden kultiviert. Für ihren „Chiaretto", den Rosé,
erhielt die Cantina einen Preis-Leistungs-Oskar des Weinführers Veronelli. Nennenswert der Spumante Metodo Classico oder der mildere
Frizzante namens Rugiada, Morgentau. Es gibt günstige, dabei aber
perfekt vinifizierte Weine für jeden Tag und „Riserve", also edle
Weine, die aus den besten Lagen stammen und sorgsam ausgebaut
werden, wie der Rosso Saline oder der Vigna Magrini, dessen Trauben
angetrocknet werden und der schon dem Amarone nahe kommt. Insgesamt bietet der Betrieb perfekte Qualität zu fair kalkulierten Preisen. Besucher sind herzlich willkommen.

CANTINA RICCHI

Weingut

ADRESSE:

*Strada Festoni 13d
46040 Monzambano (MN)
+39 0376 80 02 38
www.cantinaricchi.it*

ÖFFNUNGSZEITEN:
*Mo-Sa 8.30-12 und 14-19 Uhr
So 9-12 Uhr*

BETRIEB

Die Familie Stefanoni betreibt seit über fünfzig Jahren integrierten Weinanbau auf vierzig Hektar in den Moränenhügeln südlich des Gardasees. Nach Voranmeldung ist eine geführte Tour durch das Gut mit Weinverkostung und kleinem Imbiss möglich. Besonders erwähnenswert ist das ökologische Engagement: Seit 2012 versorgt sich der Betrieb mit eigener Energie, die Weine werden komplett ohne CO_2-Ausstoß produziert. Für alle, die die Umgebung besser kennen lernen wollen, vermieten die Stefanonis gute Fahrräder.

PRODUKTE

Unter den Weißweinen finden sich überraschende Kreationen wie der „Bianco Mandorlo" aus 100% Tokai-Trauben, ein ausgezeichneter Begleiter zu Fisch, oder der „I Cru Stefanoni", der nur aus der Turbiana-Traube gekeltert wird. Neben charakteristischen Cabernet Sauvignons und Merlots fällt ein „Rosso Cornalino" aus je 50 % Merlot und Cabernet auf, der eine Zeitlang in großen Holzfässern reift und dadurch seine Tiefe gewinnt. „Espressione 8" heißt der feinperlige Spumante Metodo Classico aus Chardonnay und Pinot nero. Der weiße Süßwein „Le Cime" (je 50 % Moscato Giallo und Garganega) passt ausgezeichnet zu herzhaftem Käse, aber auch zu Desserts und Gebäck. Daneben sind Grappa aus dem eigenen Trester und Olivenöl im Angebot.

WEIN

7 FRANTOIO BONASPETTI
Ölmühle

ADRESSE:
Via Bellini 75
25088 Maderno del Garda (BS)
+39 0365 64 10 60
www.frantoiobonaspetti.com

ÖFFNUNGSZEITEN:
Mo-Sa 8.30-11.45 / 14-18.30 Uhr

BETRIEB

Seit 1890 wird hier in Maderno Olivenöl produziert, die Ölmühle ging zu Beginn des letzten Jahrhunderts dann in den Besitz der Familie Bonaspetti über, deren Namen sie heute noch trägt. Die Verarbeitung der Oliven erfolgt heute mit modernsten Maschinen. Nach der sorgsamen Reinigung werden sie unter weitgehendem Luftabschluss zu Brei zermahlen und dann mit niedrigen Temperaturen zentrifugiert – das sind wichtige Grundlagen für hervorragendes Olivenöl mit maximal 0,3 Prozent Säure. Verarbeitet werden die Oliven innerhalb von 24 Stunden nach der Ernte – beste Bedingungen also.

PRODUKTE

Hier am Westufer des Gardasees gibt es eine heimische Olivensorte namens Gargnà, benannt nach dem Ort Gargnano. Sie liefert ein mildes, zart duftendes Olivenöl, das für die Gardaseeregion so typisch ist. Es dominiert die Speisen nicht, sondern würzt ganz zart feine Gerichte und eignet sich auch bestens für Blattsalate, wo kräftigeres Öl sich zu sehr in den Vordergrund drängen würde. In der Ölmühle Bonaspetti wird Gargnà mit der hier ebenfalls heimischen Sorte Casaliva und Frantoio gemischt. Dadurch ist dieses Olivenöl sehr harmonisch. Auf der Internetseite der Ölmühle findet man einen interessanten kleinen Film, der zeigt, wie heute Olivenöl produziert wird.

OLIVENÖL

COMINCIOLI 8
Ölmühle, Weingut

ADRESSE:
Via Roma 10 / Loc. Castello
25080 Puegnago del Garda (BS)
+39 0365 65 11 41
www.comincioli.it

ÖFFNUNGSZEITEN:
Nach Vereinbarung. Ohne Termin sollten
Sie auf die italienische Mittagspause
von ca. 12.30-15 Uhr Rücksicht nehmen.

BETRIEB

Hier gibt's das beste Olivenöl der Welt. Zumindest hat Gianfranco
Comincioli bei einer Verkostung in New York, in der Olivenöle aus der
ganzen Welt verglichen wurden, den ersten Platz belegt. Hier wird
Olivenöl in Perfektion hergestellt, von Hand gepflückt, von moderns-
ten Maschinen auf höchstem Stand verarbeitet. Besser geht's nicht.
Aber auch die Weine von Comincioli sind herausragend.

PRODUKTE

Comincioli verarbeitet die Oliven ausschließlich entkernt, denn er
meint, das Öl des Fruchtfleisches ist wesentlich eleganter und feiner
als jenes, das im Kern steckt. Alle Arbeitsschritte werden hier ohne
jeglichen Luftkontakt vollzogen, wodurch das Olivenöl keinerlei Oxi-
dation ausgesetzt ist. So werden alle wertvollen Inhaltsstoffe wie Phe-
nole und Vitamine optimal erhalten und der Geschmack ist elegant
und perfekt. Dass ein solches Öl nicht ganz billig sein kann, sollte
sich von selbst erklären. Die Weine des Betriebes sind ebenfalls hervorragend. Der Chiaretto „Diamante" aus den klassischen Trauben
Groppello, Barbera, Sangiovese und Marzemino leuchtet regelrecht
und hat eine elegante Finesse. Aus den gleichen Trauben entsteht der
tiefrote, charaktervolle „Riviera". Auch die anderen Weine sind entdeckenswert.

9

FRANTOIO MANESTRINI
Ölmühle, Spezialitäten

ADRESSE:
Via Avanzi 11
25080 Soiano del Lago (BS)
+39 0365 50 22 31
www.manestrini.it

ÖFFNUNGSZEITEN:
Mo-Sa 9-12.30 und 15-19 Uhr

BETRIEB

Egidio Manestrini hatte in den sechziger Jahren eine gute Idee: Er be-schloss, Olivenbäume zu pflanzen und eine Ölmühle zu gründen. Das historische Gebäude, dessen Fundamente auf ein Franziskanerkloster aus dem 12. Jahrhundert zurückgehen, beherbergt heute die Ölmühle, einen Laden, Ferienappartements inmitten des großen Olivenhains und das Ristorante San Rocco, das Tochter Nicoletta und Sohn Paolo betreiben.

PRODUKTE

Das Olivenöl von Manestrini zählt zu den besten am Gardasee, Beleg dafür dürften die vielen Preise und Auszeichnungen sein, die der Be-trieb erhielt. Neben bestem Olivenöl Extravergine gibt es Gardasee DOP und seit einigen Jahren auch Reinsortenöle aus Casaliva oder Frantoio, beides traditionelle Olivensorten der Region. Darüber hin-aus lassen die Manestrinis mit ihren Oliven und ihrem Öl Pesto und Pasten produzieren oder allerlei Gemüse einlegen – in Handarbeit und von bester Qualität. In dem schönen Laden finden sich aber auch Spezialitäten der Gardasee-Region von befreundeten Betrieben sowie allerlei Dekoratives aus Olivenholz. Auf Wunsch erklären Nicoletta oder Paolo, die beide sehr gut deutsch sprechen, alles rund ums Oli-venöl und bieten Führungen und Degustationen an.

OLIVENÖL

FRANTOIO DI MONTECROCE

10

Ölmühle, Spezialitäten

ADRESSE:
Viale Ettore Andreis 84
25015 Desenzano (BS)
+39 030 991 15 04
www.frantoiomontecroce.it

ÖFFNUNGSZEITEN:
Mo-Sa 8-12 und 14.30-19 Uhr
So 9-12 Uhr

BETRIEB

Für Paolo Ramanzini ist Olivenöl Leidenschaft. Er kennt die Geschmacksnuancen, weiß (in hervorragendem Deutsch) alle Details des Anbaus der Oliven, der Produktion und der Verkostung zu erklären. Viele nationale und internationale Preise hat er dafür schon erhalten. Ölmühle und Verkaufsraum gehen ineinander über – lassen Sie sich die Details der Produktion erklären. Hier wird auf höchstem Niveau gearbeitet.

PRODUKTE

Aus den verschiedenen am Gardasee heimischen Olivensorten kann man Öl verschiedener Intensität produzieren. Mit kräftigen, aber eleganten Artischockentönen kommt zum Beispiel das reinsortige Casaliva daher. Da Olivenöl beim Einsatz in der Küche verschieden kräftig sein sollte, hat Paolo drei Öle kreiert – leicht das eine, etwas intensiver das nächste und kräftig im Geschmack ein drittes mit den Namen „Gentile", „Delicato" und „Corposo". So kann man je nach Einsatz in der Küche zum Beispiel für Salate das feine und auf Bruschetta das kräftige wählen. Sein Olio Garda DOP hat erst kürzlich die Goldmedaille auf der Ölmesse „Sol" erhalten. Außer Olivenöl gibt es in dem schönen Präsentationsräumen auch andere Spezialtäten.

15 # AGRITURISMO
LA ZANGOLA

Käse, Wurst und Milch vom Bauernhof

ADRESSE:

*Via Crune 30 | Fraz. Sompriezzo
25010 Tremosine (BS)
+39 0365 95 32 29
www.lazangola.info*

ÖFFNUNGSZEITEN:

*Nach Vereinbarung. Ohne Termin sollten
Sie auf die italienische Mittagspause von
ca. 12.30-15 Uhr Rücksicht nehmen.*

SPEZIALITÄTEN

BETRIEB

Von Weiden und Weinbergen umgeben liegt der Agriturismo auf der
Hochebene von Tremosine über dem Gardasee. Der Bauernhof hält
Kühe, Schweine, Kaninchen und Hühner, die Kühe weiden auf den
Wiesen, deren saftiges Gras Grundlage für gute Milch ist. An den
Südhängen wachsen Reben, aus denen der hauseigene Wein gekeltert
wird.

PRODUKTE

La Zangola ist die hiesige Bezeichnung für Butterfass. Im Sommer
weiden die Kühe weit oben, auf der Alm „Ca da l´Era" auf stattlichen
1350 Höhenmetern. Auf den Almweiden wachsen würzige Gräser,
Blumen und Kräuter, das Futter der Kühe. Diese Milch ist Grundlage
für besten Käse, denn nur aus der sogenannten „Heumilch" entstehen
gute Milchprodukte. Rico Felicini macht daraus Butter, Käse wird im
Rahmen der Alpe del Garda hergestellt – hiesige milde, aber auch gereifte Bergkäsesorten wie die Formagella di Tremosine. Die Produkte
kann man kaufen und die Hausgäste dürfen sie zum Frühstück genießen. Doch wir wären nicht am Gardasee, wenn hier nicht auch Olivenöl und Wein produziert würden. Dazu kommen Marmeladen und
sogar hausgebackenes Brot. Das Fleisch der Tiere ist Grundlage für
eine würzige Salami, die man ebenfalls erwerben kann.

FRATELLI BIGNOTTI 16
Metzgerei, Käserei, Spezialitäten

ADRESSE:
Via Roma 13
25084 Gargnano (BS)
+39 0365 7 12 20
www.bignotti-gargnano.it

ÖFFNUNGSZEITEN:
Mo-Sa 8-12.30 und 15-19 Uhr

BETRIEB

Mitten in Gargnano befindet sich dieser Genießertempel der Gebrüder Bignotti, der im Frühjahr 2014 50-jähriges Bestehen feiern konnte. Im alten Gemäuer befinden sich Regale voller herrlicher Spezialitäten. Die Kühltheken sind wohl gefüllt mit erlesenen Käsesorten, Wurst und Fleisch. Der Käse stammt aus der eigenen Käserei und die Milch dazu aus den Bergen über dem Gardasee.

PRODUKTE

Hier reicht der Platz nicht, aufzuzählen, was es alles gibt, aber sämtliche Produkte sind mit Kennerhand ausgewählt oder selbst hergestellt. Wurstsorten ebenso wie Fleisch, Mostarde, Eingelegtes, Pasta und natürlich der Käse aus der eigenen Produktion. Hier findet man Ziegenfrischkäse, hervorragenden Taleggio, Primosale aus Kuh- oder Ziegenmilch, Rohmilch-Ziegenkäse oder würzigen Robiola, gereifte Ziegenkäse exzellenter Qualität und eine besonders würzige eigene Camembert-Version. In der Fleischtheke liegen bereits gefüllte Perlhühner oder Kaninchen. Sodann gibt es vielerlei Wurstsorten, vor allem feine Salami aus bestem Fleisch und natürlichen Gewürzen. Lokale Spezialitäten wie Limoncello oder Zitronen-Ricotta mit Gardasee - Zitronen sind hier ebenso zu finden. Außerdem gibt es im Haus hergestellte Gerichte zum Mitnehmen.

17 CAFFÈ G. MARTINI

Kaffeerösterei, Accessoires rund um den Kaffee

ADRESSE:

Via Chiesa 34
25080 Padenghe (BS)
Tel. +39 349 068 55 32
www.caffemartini.eu

ÖFFNUNGSZEITEN:

Winter: Fr-So 9-12.30
Sommer: Mi-So 9-12.30

BETRIEB

Auch so kann man am Gardasee landen: Anita aus dem Allgäu geht in die Schweiz zum Skifahren, trifft dort einen sympathischen Italiener vom Gardasee, dessen Vater in Desenzano eine kleine, feine Kaffeerösterei betreibt. Der Sohn hat einen ganz anderen Beruf, aber die mutige Allgäuerin, die er inzwischen geheiratet hat, lernt alles über Kaffee und führt den Betrieb des Schwiegervaters mit viel Leidenschaft weiter. Vor fünf Jahren eröffnet sie einen kleinen, hübschen Laden im Zentrum von Padenghe.

PRODUKTE

Anita berät alle Kunden ausführlich – enorm ist ihr Wissen über das tiefschwarze Lebenselixier, vom Anbau des Kaffees über die verschiedenen Stufen der Verarbeitung und schließlich den Genuss. Nur bester Rohkaffee kommt in die Rösttrommeln, die sie von Hand befüllt und sorgsam überwacht. Nach der langsamen, schonenden Röstung füllt sie jeden Kaffee, ob sortenreine Arabicabohnen oder ausgewogene Mischungen , die Intenso, Delicato oder Cremoso heißen, von Hand ab. Jeder Kunde darf nun probieren und „seinen" Lieblingskaffee herausschmecken. Ergänzend zum feinen Kaffee findet man im Laden allerlei Accessoires rund um die schwarze Bohne.

CALVINO GUSTO SUPREMO

18

Biospezialitäten, Olivenöl, erlesene Käse

ADRESSE:
Via Calvino 4
25080 Padenghe (BS)
+39 030 990 04 51
www.calvingusto.it

ÖFFNUNGSZEITEN:
Mo-Sa 8.30-12.30 und 15-18.30

BETRIEB

Hier wird fast alles von Hand gemacht – die Früchte und Gemüse stammen größtenteils von den eigenen Feldern, den eigenen Obstgärten und Olivenhainen, die um den wunderschönen Betrieb mit dem herrlichen Blick herum liegen. Eine Oase mit Blick zum See, oberhalb des netten Ortes Padenghe. Die Produkte werden traditionell hergestellt, viele davon biologisch.

PRODUKTE

Die Kreativität, mit der Gemüse, Obst und Wildfrüchte in erlesene Produkte verwandelt werden, ist nennenswert. Die Familie Beretta kocht aus Radicchio, roten Zwiebeln oder Peperoncino Marmelade, macht aus Zwiebeln, Pflaumen, Äpfeln oder Kürbis Mostarda, die hiesige süß-scharfe Spezialität, die hervorragend zu kaltem Braten, Geflügel oder Käse passt. Dazu werden Sirupe, klassische Marmeladen, allerlei eingelegtes Gemüse, Pesto & Co angeboten. Käse gibt es hier jede Menge, denn der Betrieb hat ein riesiges Käselager mit mehreren hundert Laiben Parmesan, Grana und anderen Käsesorten. Lassen Sie sich unbedingt das Lager, das sich direkt hinter dem Verkaufsraum befindet, zeigen! Vom Hofladen oben blickt man auf den Agriturismo der Familie und auf ausgedehnte Olivenhaine. Köstliches Bio-Olivenöl, sogar aus entsteinten Oliven ist, ein weiteres Produkt von Calvino Gusto Supremo.

19 BAUERNMARKT IN DESENZANO

Regionale Spezialitäten und Delikatessen

ADRESSE:
Piazza Garibaldi
25015 Desenzano (BS)
www.agriturismomantova.it

ÖFFNUNGSZEITEN:
Jeden Donnerstag 8-13 Uhr

BETRIEB

Der Bauernmarkt findet immer am Donnerstagvormittag oben an der belebten Piazza Garibaldi statt. Hier kauft man Lebensmittel direkt von Produzenten der Region. Doch auch der Wochenmarkt am Dienstag unten am Lungolago hat eine schöne Lebensmittel-Abteilung.

PRODUKTE

Rund um die Statue des Freiheitskämpfers Garibaldi reihen sich Stände, die allesamt Besonderes bieten. Es gibt Gemüse und Obst frisch vom Feld und zwar das ganze Jahr über – in Italien wachsen Radicchio und Fenchel und so manch anderes auch in der kühleren Jahreszeit. Im Frühling werden Wildkräuter wie Raperonzolo oder Mohnsprossen angeboten, im Herbst Pilze und Trüffel. Das ganze Jahr gibt es frisches Sauerteigbrot, mehrere Käsestände, die Ziegenkäse oder solchen aus Kuhmilch, frischen Mozzarella und Ricotta anbieten. Wenn man Glück hat, kann man einen „Culatello di Zibello" ergattern, den besten Schinken überhaupt. Dazu gibt es frische Pasta in reicher Auswahl, gefüllt mit Spinat oder Kürbis, mit Fleisch oder Käse oder kernige Eiertagliatelle, mit frischen Bioeiern vom Bauernhof. Marmeladen und Mostarde und allerlei eingelegtes Gemüse werden genauso angeboten wie Honig und andere süße Spezialitäten. Der Einkauf direkt beim Produzenten lohnt sich in jeder Hinsicht.

SPEZIALITÄTEN

FENILAZZO  20

Bauernhofeis, Käse, Imbiss

ADRESSE:
Loc. Fenilazzo 1
25015 Desenzano (BS)
+39 030 9110639
www.cortefenilazzo.it

ÖFFNUNGSZEITEN:
Mo, Mi-Do 15-20
Sa-So 10-23
Dienstag geschlossen

BETRIEB

Der Milchpreisverfall hat hier ausnahmsweise etwas Gutes. Nachdem man feststellte, dass man vom Verkauf der Milch nicht mehr leben konnte, suchte man nach einer Lösung. Und die war bald gefunden: Man verarbeitet die Milch selber, direkt am Hof, öffnet den Bauernhof für Besucher, macht bei „Fattorie Didattiche" mit und bringt Kindern bei, was gutes Eis ausmacht.

PRODUKTE

Das ausnehmend gute Eis bei Fenilazzo nämlich besteht nur aus dem, woraus Eis bestehen sollte: aus frischer Milch und Sahne, aus frischen Eiern und aus Früchten der Saison. Will man gutes Schokoladeneis herstellen, muss man gute Schokolade dazu nehmen oder Gewürze wie Vanille: hier ist alles frisch und von hoher Qualität. Für das legendäre Erdbeer- oder Pfirsicheis werden frische Früchte aus der Umgebung verwendet und soviel wie möglich selber angebaut. Darüber hinaus gibt es Joghurt, Fruchtjoghurts (nach obigen Kriterien hergestellt), vielerlei Käsesorten. Man kann die Produkte kaufen oder auch im schönen Innenhof oder in den lichtdurchfluteten Gasträumen genießen, wo auch Pizza und kleine Gerichte serviert werden.

21 MACELLERIA EQUINA GALLINA

Pferdefleisch und -wurst

ADRESSE:
Piazza Garibaldi 76
25015 Desenzano (BS)
und Via B. Croce 14, Rivoltella
+39 030 912 10 29

ÖFFNUNGSZEITEN:
Mo-Sa 9-12.30 und 15-19 Uhr

BETRIEB

In zwei schönen Geschäften verkauft die Familie Gallina etwas, was bei uns schwer aufzutreiben und oft übel beleumundet ist: Pferdefleisch, das am Gardasee oft als Bistecca vom Grill auf den Tisch kommt, oder als Tagliata mit hervorragendem Olivenöl und Zitrone wie z.B. bei Paola von der wunderbaren Trattoria Il fiore in Vaccarolo, die uns den Tipp gab. Schmunzeln müssen wir immer, weil „Gallina" das italienische Wort für Legehenne, respektive Suppenhuhn ist… .

PRODUKTE

Es ist bei Pferden das gleiche wie bei anderen Tieren auch: Bestes Fleisch geben sie nur, wenn sie artgerecht gehalten und gefüttert werden und die Transportwege so kurz wie möglich sind. Bei Gallina gibt es bestes Fleisch für Bistecca di Cavallo oder das Gulasch für Pastissada de Caval. Außerdem findet man köstliche Sfilacci, die feinen Streifen von getrocknetem Fleisch, die mit bestem Olivenöl als Vorspeise serviert werden. Sodann Bresaola vom Pferd, Salami und Cacciatorini, die kleinen gewürzten Salami. Den größten Teil der gut sortierten Theke machen aber Tartar-Zubereitungen aus: Pferdetartar mit Mini-Büffelmozzarella und Kirschtomaten, mit knackigen Artischocken, mit Oliven und Kräutern, mit Kapern oder pur - alles in herausragender Qualität und Frische.

ITTICA FOGGIATO ㉒

Frische Fische - vom Meer und aus dem See

ADRESSE:
Via 1866 10-12
25019 Rovizza (BS)
+39 030 919 60 57
www.itticafoggiato.com

ÖFFNUNGSZEITEN:
Mo-Fr 15-19 Uhr
Sa durchgehend

FOGGIATO S.R.L.
PRODOTTI ITTICI

▌ BETRIEB

Fragt man gute Gastronomen, woher sie ihren Fisch beziehen, so antworten viele: von Foggiato. Foggiato hat Fische aus allen Weltmeeren, selbstverständlich aber auch Fisch aus dem Gardasee. Der Betrieb beliefert zwar in erster Linie die Gastronomie, hat aber auch jeden Montag einen großen Stand auf dem Wochenmarkt in Peschiera und einen kleinen, feinen Laden mit günstigen Preisen in Rovizza.

▌ PRODUKTE

Die meisten Fische bei Foggiato stammen aus dem Meer. Es gibt absolut frische Krustentiere und Fische aus dem Mittelmeer und dem Atlantik, aber auch aus den Fischzuchten in Meeresnähe wie etwa aus dem toskanischen Orbetello. Zudem kommt täglich frischer Fisch aus dem nahen Chioggia. Das nette Verkaufspersonal berät einen kundig und bereitet auf Wunsch jeden Fisch verzehrfertig vor. Will man beispielsweise Carpaccio, wird der Fisch ohne Aufpreis filetiert und so schön verpackt, dass man zuhause gar nichts mehr tun muss. Es gibt auch eine kleine Auswahl an Fischkonserven. Sagenhaft ist die Auswahl um Weihnachten und Silvester, dann gibt es Austern und Kaviar, Hummer und Langusten.

23 CENTRO CARNI DEI COLLI STORICI

Metzgerei, Feinkostladen

ADRESSE:
Via S. Maria 21
25010 Pozzolengo (BS)
+39 030 91 85 24
www.centrocarnicollistorici.it

ÖFFNUNGSZEITEN:
Mi-Sa 8-12.30 und 15-19 Uhr

SPEZIALITÄTEN

BETRIEB

Vier Brüder arbeiten hier zusammen. Die einen produzieren auf den „Fattorie dei Colli Storici", den familieneigenen Bauernhöfen Futter und halten Tiere, die alle in Offenställen und im Freiland gehalten werden. Der vierte, Andrea Castrini, verarbeitet in der Metzgerei bestes Fleisch zu Delikatessen. Kein Wunder, dass seine „Salame Morenico", die traditionelle Salami der Moränenhügel, regelmäßig erste Preise erhält.

PRODUKTE

Neben der Salame Morenico gibt es eine weitere Spezialität: luftgetrocknetes Schweinefilet im Salamimantel. Des Weiteren aber auch hervorragenden Lachsschinken, Lardo, eine delikate Salami mit Fleisch vom Chianina-Rind und würzige Coppa. Das Fleisch, das im schönen Laden verkauft wird, ist von ausgezeichneter Qualität, egal ob vom Rind, Schwein oder auch das von befreundeten Betrieben zugekaufte Geflügel oder Kaninchen. Fein die bereits küchenfertig zubereiteten Delikatessen wie mit Grana gefüllte Hähnchenschenkel, in Pancetta und Kräuter gepacktes Filet oder verschiedene Sorten Tartar. Das Angebot wird ergänzt durch viele Spezialitäten aus der nahen Umgebung, wie etwa Bio-Safran aus Pozzolengo. Es gibt Weine, Olivenöl, Eingelegtes, Pasta und Gebäck, beste Käseauswahl und und und – besuchenswert!

AGRIBIRRIFICIO CASCINA ROVERI

Bier

24

ADRESSE:
Viale Pariani 6 | Località Olfino
46040 Monzambano (MN)
+39 0376 80 08 07
www.cascinaroveri.it

ÖFFNUNGSZEITEN:
Mo-Fr 15-19 Uhr
Sa durchgehend

BETRIEB

Cristian Perantoni hat wie viele junge Leute, die in den landwirtschaftlichen Betrieb der Eltern einsteigen, nach einer Erweiterung gesucht, nach einer Idee, wie das Getreide veredelt werden könnte. Denn verkauft man es als Viehfutter, ist der Erlös zu gering. Und wie sein Kollege Enrico Treccani aus dem nahen Castel Goffredo kam er auf die Idee, Bier zu brauen. Er schaute anderen über die Schulter, schaffte die nötigen Gerätschaften an und braut nun im Minciotal Helles und Dunkles.

PRODUKTE

Christian ist eindeutig Liebhaber von starkem, dunklem Bier, zumindest jedenfalls kräftigem Bier. Er braut ein charaktervolles, würziges Helles namens Rustica, ein dunkles namens Assira und dann einen tiefdunklen Doppelbock mit stattlichen 7 Volumenprozent Alkohol, Scarlata genannt. Agribirrificio, manchmal auch Microbirrificio, werden die kleinen Betriebe genannt, die auf handwerkliche Art Bier brauen. Bei den Perantonis kann man das Bier selbstverständlich verkosten. Wer bleiben will, kann im hübschen Agriturismo der Familie Appartements oder Zimmer mieten und sich im Garten eine Halbe gönnen. Ein originelles Mitbringsel ist es auf jeden Fall.

SPEZIALITÄTEN

25 ROB DEL BOSCO SCURO

Biospezialitäten aus Obst und Gemüse

ADRESSE:
Via Bosco Scuro 8
46040 Cavriana (MN)
+39 0376 81 50 40
www.robdelbosco.com

ÖFFNUNGSZEITEN:
Mo-Fr 8-12 und 14-17 Uhr

▌BETRIEB

ROB steht für „Rasi Ortofrutta Biologica". Roberto Rasi hat schon früh beschlossen, die Felder der Familie biologisch zu bewirtschaften. Heute wird der Betrieb von den Söhnen Andrea und Rossano und deren Familien geführt – befreundete Betriebe liefern inzwischen ihre Bio-Erzeugnisse, und im Laboratorio entstehen daraus ganz wunderbare Frucht- und Gemüsekonserven der besonderen Art.

▌PRODUKTE

Jederzeit ist man zum Probieren eingeladen. Hier ist der Weg vom Feld ins Glas oder in die Flasche so kurz wie möglich und das schmeckt man - egal, ob es sich um die feinen Obstsäfte aus Quitten, Äpfeln, Birnen und Kiwi, um Fruchtaufstriche (z.B. aus weißer Melone – Extraklasse!) oder um Mostarde handelt. Aber auch die eingelegten Gemüse oder die Tomatensoßen sind von außergewöhnlicher Güte und mit manchem Produkt gleichen Namens aus der Industrie gar nicht zu vergleichen. Hier ist pure Natur im Glas, gekonnt und von Hand vor Ort zubereitet. Als Brotaufstrich oder Pastasoße gibt es Gemüsepürees – aus Artischocken oder Lauch, mit Ingwer und Safran aromatisiert. Zur Erntezeit kann man Aprikosen, Äpfel, Kirschen oder Erdbeeren sowie allerlei Gemüse auch frisch erwerben (und selber einkochen).

LATTERIA AGRICOLA S. PIETRO

26

Käserei, Spezialitäten

ADRESSE:
Strada Segrada 36
46044 Cerlongo (MN)
+39 0376 60 70 51
www.latteriasanpietro.it

ÖFFNUNGSZEITEN:
Mo-Fr 9-12.30 und 15-19,
Sa 9-12.30 Uhr

BETRIEB

Von Volta Mantovana, das malerisch auf der letzten Erhebung der Moränenhügel liegt, geht es abrupt hinunter in die Ebene. In Cerlongo, einem Straßendorf wenige Kilometer südlich, liegt die Latteria San Pietro, eine Genossenschaftskäserei, in der die Milch der umliegenden Bauernhöfe (derzeit 28 an der Zahl) zu allerlei Käsesorten, voran dem edlen Grana Padano, verarbeitet wird. Auch wenn die Gebäude nur funktional und schlicht sind – hinter den glatten Mauern verbirgt sich erstklassiges Käsehandwerk.

PRODUKTE

In der blitzsauberen Käseküche hier in Cerlongo wird die Milch der Genossenschaftmitglieder, die sich natürlicher Fütterung verschrieben haben, gekonnt zu bestem Grana verarbeitet. Optimal der 24 Monate gereifte Grana, den man wunderbar in kleinen Bröckchen zum Wein genießen, aber auch schon reiben kann. Manchmal gibt es auch 36 (!) Monate gereiften, dessen unvergleichlicher Duft Pastagerichte krönt und der in Locken auf Carpaccio kommen könnte. Neben dem Grana werden auch andere Käsesorten hergestellt. Man bekommt den frischen Primosale, dann einen etwa 3-6 Monate gereiften halbfesten Formagella. Darüber hinaus gibt es Produkte befreundeter Betriebe – Salami, Fruchtjoghurt, Mostarde, einen göttlichen Honigbalsamico und auch ein wenig Wein.

Kulinarischer Sprachführer

A

affumicato	geräuchert
agnello	Lamm
agrodolce	süßsauer
agrumi	Zitrusfrüchte
ai ferri	gegrillt
Amarone	Rotwein aus angetrockneten Trauben, v.a. Corvina
anatra	Ente
anguilla	Aal
arancia	Orange
anguria	Wassermelone
asino	Esel
astice	Hummer

B

baccalà	Stockfisch
bagoss	gereifter Hartkäse aus Bagolino
bietola	Mangold
bigoli	dicke Spaghetti aus Eiernudelteig
bistecca	Steak
bollito misto	verschiedene gekochte Fleischstücke, häufig auf einem Wagen mit Gemüse und Mostarda serviert
borlotti	bräunliche Bohnenkerne
brace (alla brace)	vom Rost, vom Grill
braciola	Kotelett
branzino	Wolfsbarsch
brasato	Braten
brindisi	kleiner Umtrunk
brodetto di pesce	Fischsuppe
burro	Butter

C

cacciagione	Wild
canederli	Knödel
capesante	Jakobsmuscheln
capra	Ziege
caprino	Ziegenkäse
capriolo	Reh

caffè (liscio)	Espresso
carciofo	Artischocke
carne salada	in Salz und Aromen eingelegtes Rindfleisch
carpa	Karpfen
carpione	Gardasee-Forelle
cascina	Landgut
castagne	Esskastanien, Maroni
capunsei	Brotnocken
ceci	Kichererbsen
cedro	große Zitrusfrucht mit dicker Schale
cervo	Hirsch
cetriolo	Gurke
chiaretto	Roséwein rund um Bardolino und im Valtènesi
ciliegia	Kirsche
cinghiale	Wildschwein
coniglio	Kaninchen
coregone	Blaufelchen, Renke; auch lavarello genannt
cotechino	üppige Wurst aus Schweinefleisch und -schwarte
cotogna	Quitte
crostacei	Krustentiere
crostata	flacher Mürbeteigkuchen mit Marmelade
cumino	Kümmel

D/E/F

dragoncello	Estragon
distillato	Destillat
erbe aromatiche	Würzkräuter
erba cipollina	Schnittlauch
fagioli	Bohnen
faraona	Perlhuhn
farro	Dinkel
fegato	Leber
fichi	Feigen
focaccia	Teigfladen
fragola	Erdbeere
frutti di bosco	Waldbeeren

G/I

genziana	Enzian
gnocchi	Nocken aus Kartoffeln, Brot oder Spinat
groppello	Rotweinrebsorte aus dem Valtènesi
involtini	Rouladen

L

lamponi	Himbeeren
lardo	gereifter Rückenspeck
lavarello	Blaufelchen, Renke; auch coregone genannt
lenticchie	Linsen
lingua	Zunge
luccio	Hecht
lucioperca	Zander
lugàneghe	halbfeste, meist hausgemachte Rohwurst
lumache	Schnecken

M/N

malga	Alm
manzo	Rind
Marzemino	rote Rebsorte aus dem Trentino
mela	Apfel
mostarda	scharf eingelegte Früchte
nocciola	Haselnuss
noce	Walnuss
Nosiola	weiße Rebsorte aus dem Trentino

O

oca	Gans
ortica	Brennnessel
orzo (orzotto)	Graupen (Graupenrisotto)
ostriche	Austern

P

patate	Kartoffeln
pearà	Brot-Mark-Soße zu Bollito Misto
pesce di lago	Süßwasserfische
pesce di mare	Meeresfische
persico	Barsch
pesca	Pfirsich
piccione	Taube
pinoli	Pinienkerne
polpette	Fleischklößchen
porcini	Steinpilze

Q/R

quaglia	Wachtel
rafano	Meerrettich
rane	Frösche
rape rosse	Rote Bete
riso alla pilota	Reis mit Wurstbrät
rombo	Steinbutt

S

salame	Salami
salmerino	Saibling
salumi	Wurstwaren
sarde (di lago)	Gardasee-Sardinen
strangolapreti	Spinat-Weißbrot-Gnocchi (Trentiner Spezialität)
stracotto	Schmorbraten
struzzo	Strauß

T/U

tacchino	Truthahn, Pute
tagliata	Rindfleisch gegrillt und in Streifen geschnitten
tartufo	Trüffel
tinca	Schleie
torta di fregoloti	knuspriger Trentiner Mürbeteigkuchen mit Nüssen
torta sbrisolona	knuspriger Mürbeteigkuchen mit Mandeln
trippe	Kutteln
trota	Forelle
uvetta	Rosine

Z

zafferano	Safran
zampone	gefüllter Schweinefuß
zucca	Kürbis